ESTER

Hernandes Dias Lopes

ESTER
A rainha da Pérsia

© 2025 Hernandes Dias Lopes

1ª edição: fevereiro de 2025
1ª reimpressão: março de 2025

Revisão: Luiz Werneck Maia e Ana Maria Mendes
Diagramação: Letras Reformadas
Capa: Claudio Souto (layout) e Julio Carvalho (adaptação)
Editor: Aldo Menezes
Coordenador de produção: Mauro Terrengui
Impressão e acabamento: Imprensa da Fé

As opiniões, as interpretações e os conceitos desta obra são de responsabilidade de quem a escreveu e não refletem necessariamente o ponto de vista da Hagnos.

Todos os direitos desta edição reservados à
Editora Hagnos Ltda.
Rua Geraldo Flausino Gomes, 42, conj. 41
CEP 04575-060 — São Paulo, SP
Tel.: (11) 5990-3308

E-mail: editorial@hagnos.com.br |Home page: www.hagnos.com.br

Editora associada à Associação Brasileira de Direitos Reprográficos (ABDR)

Dados Internacionais de Catalogação na Publicação (CIP)

Lopes, Hernandes Dias

Ester: a rainha da Pérsia / Hernandes Dias Lopes. – São Paulo: Hagnos, 2025. (Comentários Expositivos Hagnos).

ISBN 978-85-7742-597-6

1. Bíblia - A.T. - Ester - Comentários I. Título

25-0221   CDD 222.1107

Índices para catálogo sistemático:
1. Bíblia - A.T. - Ester - Comentários

Angélica Ilacqua CRB-8/7057

Dedicatória

Dedico este livro a Eleny Vassão de P. Aitken, mulher segundo o coração de Deus, serva do Altíssimo, amiga preciosa, capelã hospitalar por mais de três décadas, consoladora dos santos, mensageira da paz.

Sumário

Prefácio 9
Introdução 13

1. **O esplendor do reino persa**
   (Ester 1:1-9) 29
2. **A rebelião e a deposição da rainha Vasti**
   (Ester 1:10-22) 39
3. **Ester, escolhida rainha da Pérsia**
   (Ester 2:1-23) 47
4. **Uma tempestade à vista**
   (Ester 3:1-15) 63
5. **É tempo de chorar, jejuar e agir**
   (Ester 4:1-17) 75
6. **Encontrando favor diante do rei**
   (Ester 5:1-14) 89
7. **Quando Deus vira a mesa da história**
   (Ester 6:1-14) 99
8. **Quando as máscaras caem**
   (Ester 7:1-10) 111
9. **Uma virada de mesa**
   (Ester 8:1-17) 123
10. **Uma grande reviravolta**
    (Ester 9:1-32; 10:1-3) 139

Bibliografia 157

Prefácio

O LIVRO DE ESTER não menciona o nome de Deus. Escrito por autor anônimo, descreve a saga do povo judeu, que, vivendo no exílio persa, foi liberto da morte, depois de um decreto de extermínio lavrado pelo rei Assuero, também conhecido como Xerxes I. Esse livramento é marcado por várias providências extraordinárias que jamais poderiam ser explicadas, senão pela sobrenatural intervenção divina. Embora o nome de Deus não apareça no livro, seu dedo está presente, como veremos a seguir.

Em primeiro lugar, *a mão invisível da providência pode ser vista nos fatos históricos.* O rei Assuero, neto de Ciro, o Grande (550-530), filho de Dario I (520-486), está se preparando para uma batalha contra os gregos, e para convencer os príncipes das províncias, oferece um banquete requintado de cento e oitenta dias na cidadela de Susã, a capital do império. F. B. Huey Jr. diz que Susã era tanto o nome da cidade quanto o nome da fortaleza real ou da cidadela ocupada pelo palácio durante o reino de Assuero.[1] O rei quer impressionar príncipes e servos acerca da grandeza de seu poder e da pujança de seus recursos. Ostentação e poder tinham como propósito mostrar ao seu povo que a Pérsia poderia derrotar os gregos na batalha de Salamina.

Em segundo lugar, *a mão invisível da providência pode ser vista nas ações humanas*. No apogeu da festa, sob os auspícios do vinho, o rei manda os eunucos trazerem a rainha Vasti, trajada com a coroa real, para expor sua beleza invejável aos seus súditos. A rainha, porém, recusou atender à convocação do rei, criando uma instabilidade no trono e vulnerabilizando o poder não apenas do rei, mas, também, de todos os homens, em todo o império. Esse episódio inusitado levou Assuero, por orientação de seus conselheiros, a depor a rainha a Vasti, buscando, mais tarde, preencher a vaga com outra mulher melhor do que ela.

Em terceiro lugar, *a mão invisível da providência pode ser vista na dança das cadeiras*. No interregno dessas questões conjugais do rei, a Pérsia sofre uma dolorosa derrota para os gregos e Assuero volta humilhado para a sua terra, sentindo ao mesmo tempo saudades de Vasti. Nesse momento, uma outra sugestão lhe é dada. Moças virgens e belas de todo o império deveriam ser convocadas para que o rei, dentre elas, escolhesse a sucessora da rainha. Segundo Flávio Josefo, historiador judeu, quatrocentas virgens foram convocadas para receberem tratamento vip de um ano, no "spa" real, antes de serem apresentadas ao rei. Nesse concorrido certame, pela mão invisível da providência, Ester, a órfã judia criada pelo seu primo e pai adotivo Mordecai, foi contemplada e coroada rainha da Pérsia. Uma exilada está agora assentada no trono, ao lado do rei mais poderoso do mundo.

Em quarto lugar, *a mão invisível da providência pode ser vista na mudança radical das posições.* Depois das bodas de Assuero e Ester, o rei persa exaltou o agagita Hamã a uma posição de honra no império, acima de todos os demais príncipes, e ordenou que todos os súditos do reino se prostrassem diante dele. Mordecai, porém, não se submeteu e não se curvou diante de Hamã. Isso levou Hamã a ficar furioso e tomar a decisão de matar Mordecai (também chamado "Mardoque" em versões mais modernas da Bíblia) e exterminar o seu povo. Todavia, os judeus se uniram para jejuar, e a rainha Ester, desafiada por Mordecai, tomou a decisão de expor a situação ao rei, mesmo sabendo que poderia perecer nesse pleito. Mordecai, que havia informado Ester sobre um plano de conspiração contra o rei, agora é honrado por ele. Hamã, que havia construído uma forca para matar Mordecai, é desmascarado por Ester e acaba sendo dependurado nessa forca. Hamã intentava saquear os judeus, mas os seus bens que lhe foram tirados. Ele perece, enquanto Mordecai ocupa o seu lugar. A morte que Hamã intentou impor aos judeus caiu sobre sua própria cabeça e, num efeito colateral, eliminou toda a sua família. Quem estava no topo da pirâmide despencou para o chão. Quem estava com vestes rasgadas e vestindo pano de saco e cinza foi coberto de trajes reais.

Nunca é demais enfatizar que embora o nome de Deus não apareça no livro de Ester, sua providência é visível e eloquente. A mão da providência divina está por trás dos grandes acontecimentos. As rédeas da história não estão nas mãos dos poderosos deste mundo, mas nas mãos do

Todo-poderoso Deus. Os reis ascendem e são apeados do poder, mas o nosso Deus reina sobranceiro e vitorioso pelos séculos sem fim. A história não está à deriva porque as circunstâncias se tornam adversas. A providência pode ser carrancuda, mas a face de Deus é sorridente. O livro de Ester, de forma magistral, mostra como Deus entra na história, muda o placar do jogo, vira a mesa e transforma tragédia em triunfo, derrota em consagradora vitória e choro em banquete de alegria.

Em quinto lugar, *a mão invisível da providência pode ser vista na mudança do choro para a festa da alegria*. Os judeus que já estavam sentenciados à morte em todas as províncias do império agora recebem, por novo decreto do rei, o direito de se defenderem, e como monumento desse grande livramento, passaram a celebrar anualmente a festa de Purim, a festa do livramento da morte. Até hoje, nessa festa, o livro de Ester é lido e essa história da mão invisível da providência é contada. O nome de Deus pode estar ausente quando a providência é carrancuda, mas a sua mão continua conduzindo os destinos de seu povo!

Notas
[1] HUEY JR., F. B. *Esther*. In *Zondervan NIV Bible Commentary*, p. 729.

Introdução

O LIVRO DE ESTER é a história de uma órfã judia, lançada num mundo de intrigas políticas e disputas de poder na corte persa da cidadela de Susã, no reinado de Assuero.[1] O livro conta a história de uma tentativa de extermínio do povo judeu, que permaneceu no exílio e preferiu a prosperidade da Pérsia a retornar para Jerusalém, sob a liderança de Zorobabel.

Gleason Archer diz que o tema desse breve livro é uma ilustração da providência triunfante do Deus soberano que liberta e preserva seu povo da malícia dos pagãos que querem tramar sua destruição.[2] Por esta causa, Joyce Baldwin diz que Ester continua a ser o livro favorito das comunidades judaicas, e é lido em família todos os anos, durante a festa de Purim, como é costume tradicional através dos séculos.[3] Essa investida antissemita foi desmantelada pela corajosa intervenção da rainha Ester e de seu primo e pai adotivo Mordecai. Esse grande livramento dos judeus que viviam na Pérsia, no quinto século a.C., deu origem à festa já referida, comemorada até aos nossos dias. Tremper Longman chega a dizer que o propósito do livro de Ester é explicar como se originou a festa, a celebração de um tempo em que o Senhor Deus livrou o seu povo de um fim trágico.[4] Purim, segundo F. B. Huey Jr., é uma das duas festas judaicas adotadas depois do cativeiro babilônico que não estão prescritas na lei mosaica. A outra festa é o *Hanukkah*, que começou durante o período Macabeu.[5] Como já afirmamos, os acontecimentos narrados no livro de Ester deram-se no reinado do rei Assuero ou Xerxes I, filho de Dario I, que governou o império persa vinte e um anos, ou seja, de 486 a 465 a.C., desde a Índia até a Etiópia. O historiador grego Heródoto descreve o rei Assuero como um homem cruel, excêntrico e sensual.[6]

É digno de nota que os fatos registrados no livro de Ester aconteceram em Susã, capital dos reis persas, a 322 quilômetros de Babilônia. Esses fatos precederam a famosa expedição de Xerxes I contra a Grécia. Ali os gregos derrotaram sua formidável esquadra, na batalha de Salamina, em 480 a.C. Dizem os historiadores que essa foi uma das batalhas mais importantes do mundo.

A festa de Assuero, registrada no primeiro capítulo do livro de Ester, foi a ocasião do planejamento da campanha contra a Grécia, no terceiro ano de seu reinado. Foi, portanto, no meio desse famoso capítulo da história mundial que se desenrolou a encantadora história de Ester. Embora o nome de Deus não seja mencionado no livro, cada página está cheia dele, que se esconde por trás de cada palavra. Se o nome de Deus está ausente, lembremo-nos de que esse livro tinha de passar pelas mãos do censor persa. Embora pudesse eliminar seu nome, não poderiam eliminá-lo.[7] É digno de destaque, também, que os fatos narrados no livro de Ester são contemporâneos ao nascimento do grande historiador grego Heródoto, também conhecido como o pai da História.[8]

O nome do livro

Ester encerra a seção dos livros históricos. Este é o segundo livro da Bíblia que leva o nome de uma mulher. O primeiro é Rute. Ester era uma bela jovem judia, criada pelo seu primo Mordecai depois da morte de seus pais. Seu nome judaico é Hadassa. Ester e Mordecai viviam em Susã, capital da Pérsia, durante o reinado de Assuero.

Ester, pertencente à tribo de Benjamim, foi escolhida rainha num disputado concurso de beleza, depois que Vasti foi destronada. Por questão de segurança, ela manteve sua nacionalidade em segredo.

O nome *Ester* é derivado da palavra persa "stara", que significa "estrela" ou aquela que brilha.[9] O nome persa ajudava Ester a conservar secreta a sua identidade estrangeira. Seu nome hebraico é *Hadassa,* derivado de *hajas,* que significa "murta", o nome de uma planta,[10] o que é corroborado pelo pesquisador Adolpho Wasserman. Assim como a murta tem um cheiro doce e um sabor amargo, assim ela foi doce para Mordecai, mas amarga para Hamã.[11] Ester, filha da diáspora, tornou-se rainha da Pérsia e usou sua posição de influência para salvar seu povo, os judeus, de um massacre.[12] Henrietta Mears diz com razão que Ester é como José e Davi:

> Deus tinha reservado cada um deles para seu propósito. Quando a ocasião chegou, Ele os colocou em evidência, a fim

de executarem seu plano. Deus escondeu José numa prisão do Egito e, na hora certa, guindou-o à posição de primeiro-ministro daquele império. Deus sempre tem alguém de reserva para levar adiante seus desígnios. Às vezes, é um homem como José, Moisés e Davi. Às vezes, é uma mulher como Ana, Ester e Maria [...]. Duas mulheres unem as mãos a favor do povo de Deus. São elas Rute e Ester. Rute tornou-se ancestral do Libertador de Israel, e Ester salvou o povo, a fim de que o Libertador viesse.[13]

Autor e canonicidade

O livro de Ester é anônimo. John Wesley declara que ambos, judeus e cristãos, apontam Mordecai como seu autor.[14] Agostinho de Hipona o atribuiu a Esdras. Muito embora o autor do livro não seja explicitamente mencionado, Benjamim Galan sugere que este era conhecedor da corte persa. Este conhecimento sugere que o autor poderia ter sido um judeu exilado, testemunha ocular dos acontecimentos.[15] Gleason Archer diz que as autoridades judaicas optam pelo nome de Mordecai (9:20), muito embora outros possíveis autores sejam Esdras ou Neemias.[16]

Carlos Osvaldo Cardoso Pinto diz que o livro de Ester tem sido, há séculos, o centro de um debate entre judeus e não judeus, cristãos e não cristãos que argumentam sobre seu valor e canonicidade.[17] Joyce Baldwin destaca que só depois da Reforma é que comentários sérios de valor duradouro foram produzidos, e esses consideraram Ester como livro estritamente histórico. Lutero e Calvino não deixaram comentário algum sobre Ester.[18] Adolpho Wasserman diz que, quem quer que seja o seu autor, o importante é lembrar que o Talmude afirma: "O rolo de Ester foi escrito por divina inspiração".[19]

A data

A data de composição do livro de Ester é incerta. Muito embora não seja possível afirmar com segurança a data precisa de sua composição, deve ter sido escrito no período entre o reinado de Xerxes I (486-465 a.C.) e a queda do império persa pelo conquistador macedônico Alexandre, o Grande (331 a.C.). Carlos Osvaldo Cardoso Pinto diz que o fato de não haver qualquer traço de influência grega no livro sugere que foi escrito antes do início do período helenístico, ou seja, antes de 331 a.C. A composição teria ocorrido, portanto, entre 450 e 350 a.C.[20] Gleason Archer corrobora dizendo que a data de composição mais provável é algum período da segunda metade do século V.[21] Alguns críticos, baseados em Ester 2:5,6, alegam que o autor deve ter considerado Xerxes como sucessor quase imediato do rei Nabucodonosor, já que dá a entender que Mordecai foi levado com a deportação de Jeoaquim, em 597 a.C., e que ainda estava vivo e ativo durante o reinado de Xerxes (486-465 a.C.). Mas essa dedução se fundamenta em uma interpretação errônea do texto hebraico; o verdadeiro antecedente do pronome relativo "que" no versículo 6 não é Mordecai, mas seu bisavô, Quis. Se Quis foi o contemporâneo de Jeoaquim, conforme dá a entender o autor, três gerações teriam passado até o tempo de Mordecai — um intervalo apropriado entre 597 e 483 a.C.[22]

O contexto histórico

Os eventos registrados no livro de Ester ocorrem enquanto os judeus estão no exílio, sob o poder do império persa. Em 536 a.C., por decreto de Ciro, muitos judeus voltaram para a Terra Prometida. A maioria, porém, decidiu não retornar a Jerusalém, escolhendo ficar com os gentios, sob o domínio dos persas.

Ester surge em cena aproximadamente sessenta anos depois do decreto de Ciro e cerca de trinta e cinco anos antes do retorno de Neemias.[23] É digno de destaque que se todos os judeus tivessem voltado para Jerusalém no tempo do decreto de Ciro, o livro de Ester não teria sido escrito, mas muitos nasceram na Babilônia e se estabeleceram lá em atividades comerciais e não estavam interessados em atravessar o deserto e começar tudo de novo na terra de seus pais.[24]

Esse último livro histórico do Antigo Testamento retrata: 1) a coroação de Ester: Vasti destronada e Ester coroada (caps. 1—2); 2) a condenação de Hamã: a intriga de Hamã (3), o discernimento de Mordecai (4) e a intercessão de Ester (5—7); 3) a celebração de Israel: um novo decreto (8), uma festa segura (9) e uma grande distinção (10).[25] Russell Norman Champlin diz que a significação do livro de Ester está em testificar a respeito da vigilância secreta de Yahweh sobre o povo disperso de Israel. O nome de Deus não ocorre no livro nem uma vez sequer, nem a obra é mencionada no Novo Testamento, mas em nenhum outro livro da Bíblia a sua providência é mais conspícua.[26]

As características do livro

O livro de Ester é notável pela ausência do nome de Deus, à semelhança de Cântico dos Cânticos. Myer Pearlman diz, acertadamente, que "se o nome de Deus não está aqui, está o seu dedo, pois para o observador atento toda a história é uma sarça ardente, acesa pela presença divina".[27] Charles Swindoll escreve: "A presença de Deus não provoca tanta curiosidade quanto a sua ausência. A sua voz não é tão eloquente quanto o seu silêncio [...]. Embora Deus possa parecer às vezes distante e apesar de não ser visível para nós, Ele é sempre invencível. Esta é a principal lição do livro de Ester".[28] Emílio Garofalo Neto, citando David Strain, diz: "A presença da ausência não é o mesmo que a ausência da presença".[29] Muito embora o nome de Deus esteja ausente no livro de Ester, sua presença é indubitável ao longo de toda a trama desenrolada no livro. Nas palavras de Harold Willmington, "não há outro livro da Bíblia em que o trabalho de Deus nos bastidores seja mais evidente".[30] Nessa mesma linha de pensamento, Gleason Archer diz que, embora não se mencione de forma explícita o nome de Deus, nada poderia ser mais claro que o poder irresistível de seu decreto soberano, vigiando todo o povo da Aliança, protegendo-o da malícia de Satanás em sua vã tentativa de trabalhar por intermédio de Hamã e de conseguir a aniquilação dos judeus.[31] Nessa mesma linha de pensamento, Tremper Longman diz que, embora Mordecai e Ester realizem atos admiráveis, há uma força nos bastidores que a narrativa não nomeia, mas que sutil e certamente deixa claro que o herói não é outro senão o próprio Deus. As coincidências que se seguem são grandes demais para serem atribuídas ao acaso.[32] Adolpho Wasserman diz que há várias razões para essa peculiaridade do livro de Ester. A mais popular é a do exegeta Avraham Ibn Ezra. Ele sustenta que o livro foi originalmente escrito por Mordecai para ser enviado aos judeus de todas as províncias e foi subsequentemente copiado pelos persas e incorporado aos registros históricos de seus reis. Para que estes não substituíssem o Nome Divino pelo nome de sua divindade pagã, ele omitiu-o inteiramente, dando à narrativa o semblante de um conto secular de uma nação escapando por pouco da aniquilação e proclamando um festival para comemorar a sua salvação. Já que o livro registrado no cânon é uma cópia destas cartas, permanece sem qualquer menção do nome de Deus.[33] Certamente, a palavra-chave para compreender o livro de Ester é "providência", que significa literalmente "prover com antecedência". A providência é a mão de Deus na luva da história. O insigne teólogo Strong assim definiu providência: "É a atuação contínua de Deus pela qual Ele leva todos os eventos do mundo físico e moral a cumprirem o propósito original pelo qual Ele os criou".

A obra, que não é citada nenhuma vez no Novo Testamento, situa-se entre os capítulos 6 e 7 de Esdras, antes de este partir para Jerusalém.[34] Henrietta Mears destaca que o livro começa com um banquete de Assuero, príncipe do mundo, e encerra com um banquete de Mordecai, príncipe de Deus. Por algum tempo, Hamã é exaltado, mas no fim é Mordecai quem recebe as honras.[35] Gordon Fee e Douglas Stuart têm razão em dizer que o autor de Ester demonstra maravilhosa sutileza e ironia, bem como evidente habilidade literária ao contar a história de como os judeus no Império Persa foram salvos do genocídio instigado por um amalequita, membro da corte real. Essa história gira em torno das ações dos seus quatro personagens principais: 1) o rei persa Xerxes (nominalmente mencionado 29 vezes), um arrogante déspota oriental que serve como o antagonista de Deus na história; 2) o vilão Hamã (mencionado 48 vezes), um estrangeiro amalequita elevado à posição mais alta no império, próximo ao próprio Xerxes — sendo ainda mais arrogante do que este e cheio de ódio pelos judeus; 3) o herói judeu Mordecai (mencionado 54 vezes), um oficial menor da corte que descobre um plano contra o rei e salva a vida dele, mas cuja recusa em se prostrar diante de Hamã põe em movimento a intriga básica da trama — um plano para matar todos os judeus no império, que no fim acaba saindo pela culatra e voltando-se contra Hamã; 4) a heroína, a prima mais nova de Mordecai, Hadassa, que recebe o nome persa Ester (mencionado 48 vezes), que ao vencer um concurso de beleza se torna a rainha de Xerxes e a responsável pela descoberta do plano de Hamã, salvando, assim, os judeus da aniquilação.[36] O livro está repleto de ironias e reviravoltas. Hamã, que pretende destruir os judeus, acaba destruindo a si próprio e a sua família; a forca erigida para Mordecai é aquela em que Hamã acaba sendo enforcado; o edito de Hamã pretendia pilhar a fortuna dos judeus — em vez disso, seu próprio patrimônio cai em mãos judias. Hamã, ao redigir a escritura para sua própria honra e reconhecimento, acaba escrevendo-a para Mordecai; em vez de receber essa honra, Hamã acaba tendo de conduzir Mordecai pelas ruas de Susã a cavalo. E esses não são os únicos momentos irônicos![37]

As principais ênfases

James Hastings tem razão em dizer que a essência do livro de Ester se resume às palavras que se seguem: "Este livro de Ester não fala muito sobre Deus, mas a presença do Senhor paira sobre todo ele, e é a verdadeira fonte que supre os personagens vistos no texto".[38] Destacamos, aqui, seis pontos importantes:

Em primeiro lugar, *Deus protege seu povo, mesmo quando parece estar ausente.* Há muitas promessas de Deus ao seu povo acerca de sua presença protetora (Gn 28:15; Êx 33:14; Is 43:2; Mt 28:20). O livro de Ester mostra que, embora Deus pareça ausente, sua proteção é sempre presente para com seu povo. Mordecai afirma que o livramento certamente chegaria para os judeus de outra parte, caso Ester se recusasse a agir como intermediária (4:13). Zeres, mulher de Hamã, reconhece que seria impossível o marido triunfar sobre Mordecai por ele ser judeu (6:13). Havia, certamente, alguém protegendo sobrenaturalmente e soberanamente o povo judeu.[39] Como diz William MacDonald, "o livro tem maravilhosas lições sobre a fidelidade de Deus, mesmo quando seu povo é desobediente".[40] Concordo com Joyce Baldwin quando escreve:

> A sobrevivência do Estado de Israel requer uma explicação. Aqui está um fato da história que parece dar testemunho de um domínio divino sobre os acontecimentos, ainda mais extraordinário do que aquelas "coincidências" da história de Ester. Por controvertida e dolorosa que seja a interpretação, o próprio fato não pode ser ignorado. A mão invisível por trás dos acontecimentos em Susã não é menos ativa em guiar a história hoje. O livro de Ester ainda é significativo.[41]

Em segundo lugar, *Deus honra a coragem e a fidelidade em seu povo*. Mordecai e Ester tiveram coragem e fé para enfrentar uma determinação régia de extermínio do povo judeu. Um decreto de um rei persa é irrevogável. Embora o rei não possa reverter a decisão de permitir a morte do povo judeu, ele pode e emite um segundo decreto, permitindo que o povo judeu se defenda (8:1-17). No dia fatídico, os judeus são vitoriosos sobre os seus inimigos, o que é a reviravolta final e culminante (9:1-19). Purim é estabelecido como uma festa anual para celebrar esse fato auspicioso (9:20-32).[42]

Em terceiro lugar, *Deus é soberano em sua providência*. Philip Jenson afirma que o livro de Ester enfaticamente defende e ilustra a doutrina da providência divina, na medida em que opera num tempo de particular perigo ao povo judeu, que vivia sob o domínio do Império Persa.[43] A mão invisível da providência de Deus é vista com diáfana clareza no livro de Ester, preservando Israel, seu povo pactual. Não há casualidades, há uma providência soberana.

Carlos Osvaldo Cardoso Pinto destaca que a ascensão improvável de Ester ao favor real (cap. 2), a casual percepção de um plano assassino por Mordecai (cap. 2), intervalo prolongado entre a concepção do plano e sua execução (cap. 3), a boa vontade real para Ester em uma hora crítica (cap. 5) e uma combinação inesperada de insônia real e de oportuna leitura de crônicas do reino (cap. 6) testemunham que havia a mão invisível a mover a luva da História em favor de seu povo.[44] Bill Arnould e Bryan Beyer ainda esclarecem:

> Alguns podem sugerir que é inútil falar das ideias teológicas do livro de Ester, tendo em vista que Deus nem é mencionado. Mas a história contém uma série admirável de "coincidências". Ester *por acaso* foi escolhida como sucessora de Vasti; Mordecai *por acaso* descobriu a conspiração para assassinar o rei; Assuero *por acaso* teve insônia na noite em que Hamã planejava matar Mordecai; naquela noite, as crônicas reais *por acaso* continham o registro da boa ação de Mordecai. Essas "coincidências" não estão limitadas ao universo do povo de Deus. Os reis persas e oficiais reais também se movem e agem sob a mão do grande e Soberano Senhor. Apesar de Deus não ser mencionado, Ele é o personagem principal do livro, mais até que Ester e Mordecai. É isto que faz o livro de Ester extremamente relevante para os nossos dias, pois Deus ainda é o soberano que trabalha para salvar o seu povo.[45]

Em quarto lugar, *Deus é fiel às suas promessas*. A inversão da sorte tanto no caso de Hamã quanto no destino lavrado contra os judeus do império persa é uma prova do cumprimento da promessa de Deus feita a Abraão: "Abençoarei aos que te abençoarem e amaldiçoarei os que te amaldiçoarem; em ti serão benditas todas as famílias da terra" (Gn 12:3). Carlos Osvaldo Cardoso Pinto diz que apesar de sua meteórica ascensão no microcosmo da corte persa e de seu sonho ambicioso de se beneficiar às custas do genocídio dos judeus, Hamã cai vitimado não apenas por sua ganância e ódio, mas porque ele, sem saber, assume a postura de inimigo da promessa divina, à qual o Senhor é sempre fiel. De outro lado, Mordecai, que exemplifica a lealdade pactual, recusando-se a se prostrar diante de um simples mortal, tem sua lealdade ao Senhor celestial e ao senhor terreno recompensada com grande honra e fama, perpetuadas no livro e na Festa de Purim.[46]

Em quinto lugar, *a maldade humana é consumada tolice e não ficará impune.* O autor cuidadosamente constrói um contraste entre o mérito não premiado de Mordecai e o prêmio imerecido de Hamã. Este, insuflado por uma vaidade exagerada, despenca do alto de sua honrada posição. Mordecai ascende ao topo desde as profundezas do infortúnio. O livro de Ester retrata, com cores vivas, a consumada tolice da maldade humana. Aqueles que arquitetam o mal contra os justos verão esse mal voltando contra si mesmos. Concordo com Carlos Osvaldo Cardoso Pinto quando diz que o tema literário da reversão da sorte é um resumo do livro de Ester.[47]

Em sexto lugar, *o dia da sentença de morte pode ser revertido em dia de festa.* O dia da morte tornou-se o dia da libertação, e esse grande livramento deu origem à festa de Purim. A palavra "*pur*" é acadiana, a linguagem da antiga Babilônia e Assíria. A palavra significa "sortes" (9:24).

Hamã marcou o dia da morte dos judeus, mas os planos de Deus eram diferentes. Em vez de destruir os judeus, Ele escolheu aquele dia para livrá-los e garantir-lhes a grande vitória. A festa do Purim deriva seu nome desta palavra.[48]

A divisão do livro

Myer Pearlman, citando Robert Lee, sugere o seguinte esboço:[49]

A festa de Assuero (1—2).
A festa de Ester (3—7).
A festa de Purim (8—10).

Merril Unger oferece o esboço a seguir:[50] a rainha Vasti é deposta (cap. 1); Ester é escolhida como rainha (cap. 2); a trama de Hamã (cap. 3); a coragem de Ester (caps. 4—7); a vingança executada (cap. 8); a observância da festa do Purim (cap. 9); epílogo (cap. 10).

Notas

[1] GALAN, Benjamim et al. *Bible Overwiew*, p. 77.
[2] ARCHER JR, Gleason L. *Panorama do Antigo Testamento*, p. 527.
[3] BALDWIN, Joyce G. *Ester: introdução e comentário*, p. 11.
[4] LONGMAN III, Tremper. *Dicionário bíblico Baker*, p. 180.
[5] HUEY JR, F. B. *Esther.* In *Zondervan NIV Bible Commentary*, p. 726.
[6] ALEXANDER, Pat e Davi. *Manual bíblico SBB*, p. 340.
[7] MEARS, Henrietta. *Estudo panorâmico da Bíblia*, p. 179.
[8] BALDWIN, Joyce G. *Ester: introdução e comentário*, 16.
[9] OTONI, Débora. *De Eva a Ester*, p. 215.
[10] ARCHER JR, Gleason L. *Panorama do Antigo Testamento*, p. 527.
[11] WASSERMAN, Adolpho. *Meguilat Ester*, p. 7.

12 OTONI, Débora. *De Eva a Ester*, p. 215.
13 MEARS, Henrietta. *Estudo panorâmico da Bíblia*, p. 180, 181.
14 WESLEY, John. *Esther*. In *The Classic Bible Commentary*, p. 414.
15 GALAN, Benjamim et al. *Bible Overwiew*, p. 78.
16 ARCHER JR, Gleason L. *Panorama do Antigo Testamento*, p. 528.
17 PINTO, Carlos Osvaldo Cardoso. *Foco e desenvolvimento no Antigo Testamento*, p. 417.
18 BALDWIN, Joyce G. *Ester: introdução e comentário*, p. 29.
19 WASSERMAN, Rodolpho. *Meguilat Ester*, p. viii.
20 PINTO, Carlos Osvaldo Cardoso. *Foco e desenvolvimento no Antigo Testamento*, p. 418.
21 ARCHER JR, Gleason L. *Panorama do Antigo Testamento*, p. 529.
22 ARCHER JR, Gleason L. *Panorama do Antigo Testamento*, p. 530.
23 WILLMINGTON, Harold. *Guia de Willmington para a Bíblia*, p. 317,318.
24 MEARS, Henrietta. *Estudo panorâmico da Bíblia*, 2023, p. 180.
25 WIERSBE, Warren W. *Comentário bíblico expositivo*. Vol. 2, p. 689.
26 CHAMPLIN, Russell Norman. *O Antigo Testamento interpretado versículo por versículo*, p. 464.
27 PEARLMAN, Myer. *Através da Bíblia livro por livro*, p. 85.
28 SWINDOLL, Charles R. *Ester*, p. 13,14.
29 NETO, Emilio Garofalo. *Ester na casa da Pérsia*, p. 25.
30 WILLMINGTON, Harold. *Guia de Willmington para a Bíblia*, p. 318.
31 ARCHER JR, Gleason L. *Panorama do Antigo Testamento*, p. 527,528.
32 LONGMAN III, Tremper. *Dicionário bíblico Baker*, p. 180.
33 WASSERMAN, Rodolpho. *Meguilat Ester*, p. viii.
34 SILVA, José Apolônio. *Sintetizando a Bíblia*, p. 76.
35 MEARS, Henrietta. *Estudo panorâmico da Bíblia*, p. 180.
36 FEE, Gordon e STUART, Douglas. *Como ler a Bíblia livro por livro*, p. 134,135.
37 FEE, Gordon e STUART, Douglas. *Como ler a Bíblia livro por livro*, p. 136.
38 HASTINGS, James. *The Greater Men and Women of the Bible*, p. 64.
39 PINTO, Carlos Osvaldo Cardoso. *Foco e desenvolvimento no Antigo Testamento*, p. 420.
40 MACDONALD, William. *Bilievers's Bible Commentary*, p. 496.
41 BALDWIN, Joyce G. *Ester: introdução e comentário*, p. 37.
42 LONGMAN III, Tremper. *Dicionário Bíblico Baker*, p. 181.
43 JENSON, Philip. *Esther*. In *New Bible Commentary*, p. 443.

[44] PINTO, Carlos Osvaldo Cardoso. *Foco e desenvolvimento no Antigo Testamento*, p. 420.
[45] ARNOLD, Bill T. e BEYER, Bryan E. *Descobrindo o Antigo Testamento*, p. 276,277.
[46] PINTO, Carlos Osvaldo Cardoso. *Foco e desenvolvimento no Antigo Testamento*, p. 421.
[47] PINTO, Carlos Osvaldo Cardoso. *Foco e desenvolvimento no Antigo Testamento*, p. 424.
[48] GALAN, Benjamim et. al. *Bible Overwiew*, p. 79.
[49] PEARLMAN, Myer. *Através da Bíblia livro por livro*, p. 86.
[50] UNGER, Merrill F. *The New Unger's Bible Handbook*, p. 209.

Capítulo 1

O esplendor do reino persa

(Ester 1:1-9)

O PODEROSO IMPÉRIO BABILÔNICO havia caído nas mãos dos medos e dos persas. A glória de Nabucodonosor e seus sucessores havia sido extinguida. Na dança das cadeiras, a Babilônia que estava no topo do mundo despencou, e um novo império ascendeu ao poder.

Ciro, conforme profecia de Isaías (Is 45:1), seria o instrumento de Deus para decretar a volta dos judeus para Jerusalém. O cativeiro babilônico, conforme profecia de Jeremias, teria um período de setenta anos (Jr 25:12). Uma leva de judeus já havia retornado para Jerusalém sob a liderança de Zorobabel. Outras levas seguiriam sob o comando de Esdras e Neemias.

Muitos judeus, entretanto, preferiram permanecer no exílio a voltar para a arruinada cidade de Jerusalém. Aculturados à realidade estrangeira e acomodados ao novo regime político, construíram seus sonhos em terra estranha.

Iain Duguid destaca duas tentações enfrentadas pelos judeus que permaneceram no exílio. A primeira delas foi a assimilação. O poder do império pagão era extremamente visível e concreto. Os judeus o ouviam diariamente no som da marcha dos soldados e no ruído das carruagens. Eles viam a sua abundante riqueza e o controle absoluto dos detalhes da vida. Eles sentiam o cheiro do seu poder no incenso oferecido nas centenas de templos pagãos, por toda parte, financiados pelo Estado. Esses judeus estavam convencidos de que a resistência a essa potência estrangeira era inútil e a conformação, inevitável. A segunda tentação era o desespero, uma vez que estavam cercados por um império poderosíssimo e ao mesmo tempo volúvel, capaz de se voltar contra a eles a qualquer hora.[1] A única maneira de sobreviver nesse ambiente hostil era compreender que o poder absoluto dos reis da terra não era tão absoluto assim. Assuero com todo o seu aparato não era um homem tão forte assim. O império persa era governado por um homem frágil, cercado de conselheiros frágeis. Assuero e seus sete anões não passavam de burocratas que poderiam ser usados pela mão invisível daquele que, embora oculto, governa os acontecimentos.

O texto em tela retrata a opulência da Pérsia nos dias de Ester. Depois de Ciro e Dario I, o rei Assuero, conhecido como Xerxes (Ed 4:6), que governou de 486 a 465 a.C., assume o poder do império. Embora de personalidade fraca, detém um imenso poder nas mãos. Embora capaz de permitir um ataque genocida contra os judeus nos dias de Hamã, assina um novo edito, permitindo que os judeus se defendam do ataque mortal. Assuero tem a coroa, mas não é homem de decisão. Está sempre ancorando suas decisões na opinião dos outros. Joyce Baldwin destaca que, apesar dessas limitações pessoais, ele foi um grande construtor, que concluiu e melhorou os grandes palácios que seu pai, Dario, havia iniciado, e consolidou o império da Índia à Etiópia. Por Índia subentende-se a região drenada pelo rio Indo, hoje Paquistão, e não a Índia peninsular. Atraído pelo pó de ouro carregado pelos rios da bacia do Indo, Dario havia conquistado aquela região antes de 513 a.C. A Etiópia era o país ao sul do Egito, que agora faz parte do Sudão setentrional, e não a moderna Etiópia.[2] Vejamos, agora, a exposição do texto em apreço:

A abrangência do reino (1:1)

O narrador abre o livro fazendo a seguinte declaração: "Nos dias de Assuero, o Assuero que reinou, desde a Índia até à Etiópia, sobre cento e vinte e sete províncias" (1:1). Assuero ou Xerxes I, filho de Dario I, reinou de 486 a 465 a.C. Seu reino se estendia desde a Índia até à Etiópia, de mar a mar, e era composto de cento e vinte e sete províncias. Esses dados demonstram a extensão e a organização de seu reino. Diferentemente do império babilônico, o poder do império persa era descentralizado. Na Babilônia, o rei era o soberano absoluto, maior do que a própria lei. Na Pérsia, a lei era maior do que o rei. Uma vez decretada uma lei, nem mesmo o rei tinha poder de aboli-la.

A sede do reino (1:2)

O narrador prossegue: "Naqueles dias, assentando-se o rei Assuero no trono do seu reino, que está na cidadela de Susã" (1:2). A Babilônia era a sede de governo dos reis caldeus, enquanto Susã era a cidade de governo dos reis persas. A cidadela de Susã era o complexo administrativo, onde se situava o palácio real. Esse conjunto fortificado, onde o rei morava, juntamente com seus servidores e oficiais, é que constituía a capital do império.

Joyce Baldwin diz que Susã havia sido a capital de Elá, e caíra conquistada pelos monarcas persas e fora reconstruída. A palavra "cidadela" significa "acrópole". Portanto, o complexo palaciano fortemente armado no meio da cidade, e elevado acima dela neste caso, em cerca de quarenta metros. Tudo tinha o desígnio de exaltar a importância do rei, tanto quanto de guardar a sua pessoa.[3]

O banquete régio (1:3-4)

No terceiro ano de seu reinado, ou seja, 483 a.C., tendo pacificado o reino e consolidado a edificação de Susã, o rei convoca seus oficiais para um grande banquete de celebração, muito provavelmente com propósitos político militares, ou seja, estudar uma campanha contra a Grécia. O narrador descreve este lauto banquete, tema recorrente no livro. O banquete aqui descrito é oferecido por Assuero aos nobres da Pérsia e da Média. Trata-se de um opíparo e régio banquete, com seis meses de duração. Assim registra o narrador:

> No terceiro ano de seu reinado, deu um banquete a todos os seus príncipes e seus servos, no qual se representou o escol da Pérsia e Média, e os nobres e príncipes das províncias estavam

perante ele. Então, mostrou as riquezas da glória do seu reino e o esplendor da sua excelente grandeza, por muitos dias, por cento e oitenta dias (1:3-4).

Pérsia e Média é a inversão da ordem costumeira, usada em Daniel 5:28; 6:8; 8:20. As duas nações estavam intimamente relacionadas pela raça; no período até 550 a.C., os medos predominavam, mas depois de 550 a.C., quando Ciro começou a ascender ao poder, os persas assumiram a liderança.[4] A Pérsia e a Média, portanto, eram dois povos da mesma origem, que juntos estabeleceram um vasto império, destruindo a Babilônia. Embora a liderança inicial fosse da Média, aqui a Pérsia é citada em primeiro lugar, pois Assuero era persa.[5]

É digno de destaque que Assuero havia herdado de seu pai, Dario, uma riqueza sem precedentes, como os ricos edifícios novos em Susã, e ouro em abundância, juntamente com objetos de luxo, em grande parte providenciados através da taxação de tributos. Por cento e oitenta dias, os tesouros reais estiveram em exibição, e enquanto tantas pessoas influentes estivessem na corte, essa seria uma boa oportunidade para planejar a campanha contra os gregos.[6] Dario I, pai de Assuero, já havia sofrido uma amarga derrota militar contra os gregos. Agora, Assuero prepara-se para desafiar os gregos, e essa convocação régia para um exuberante banquete, trazendo os príncipes de todas as províncias, os sátrapas, tinha, por certo, um cunho político, ou seja, mobilizar todo o império para uma nova conflagração contra os gregos. O propósito de Assuero é mostrar as glórias do seu reino, a grandeza colossal de suas riquezas e o poder descomunal de seu reino.

É digno de nota que Assuero, semelhantemente ao que ocorreu com seu pai Dario I, sofrerá outra acachapante derrota dos gregos.

O banquete popular (1:5)

Depois da festança de cento e oitenta dias, o rei dá um banquete popular de sete dias ao povo da cidadela de Susã. Assim registra o narrador: "Passados esses dias, deu o rei um banquete a todo o povo que se achava na cidadela de Susã, tanto para os maiores como para os menores, por sete dias, no pátio do jardim do palácio real" (1:5). Não apenas os nobres das distantes províncias festejaram, mas também os moradores da capital do império, grandes e pequenos, também tiveram o tempo de *glamour*, o seu esplêndido banquete. Assuero parece um fanfarrão, que distrai o povo com pão e circo, com diversão, bebida e comilança. O propósito de Assuero é mostrar seus ilimitados recursos, através do esplendor de seu reino e da grandeza de sua generosidade com seus súditos.

O esplendor do palácio real (1:6-8)

Agora, o texto registra a opulência do palácio real e o requinte com que o banquete real foi oferecido:

Havia tecido branco, linho fino e estofas de púrpura atados com cordões de linho e de púrpura a argolas de prata e a colunas de alabastro. A armação dos leitos era de ouro e de prata, sobre um pavimento de pórfiro, de mármore, de alabastro e de pedras preciosas. Dava-se-lhes de beber em vasos de ouro, vasos de várias espécies, e havia muito vinho real, graças à generosidade do rei. Bebiam sem constrangimento, como estava prescrito, pois o rei havia ordenado a todos os oficiais da sua casa que fizessem segundo a vontade de cada um (1:6-8).

Emílio Garofalo Neto descreve o suntuoso palácio de Assuero, que tinha trinta e seis colunas, cada uma com mais de vinte metros de altura, entalhadas com belíssimos ornamentos, detalhes de ouro e coberturas de seda. Tesouros, troféus de conquistas anteriores, objetos de metais preciosos, artefatos pilhados de povos que se dobraram perante os reis persas faziam parte desse rico acervo.[7] Destacamos, aqui, alguns pontos:

Em primeiro lugar, *uma festa com riqueza extravagante* (1:6). O requinte da festa era extravagante. A demonstração de riqueza e pompa era sem precedentes na história. Os adereços das mesas, o requinte dos vasos, o luxo dos enfeites e a exuberância de ouro, prata, pedra de alabastro e mármore nas camas tinham como propósito enaltecer a opulência do rei e a grandeza de seu reino. Iain Duguid diz que Assuero é a própria imagem do poder e da riqueza que são esbanjados nos seus próprios apetites.[8]

Em segundo lugar, *uma festa com bebedeira extravagante* (1:7). O ouro que só era ostentado no palácio está agora nas mãos do populacho. O rei não apenas havia liberado vinho sem restrição, mas, também, trouxe para as mãos do povo a prataria da casa real, os vasos de ouro e os utensílios mais requintados do palácio. A generosidade do rei não é notada em grandes projetos sociais para melhorar a qualidade de vida do povo. Ao contrário, oferece-lhe vinho sem medida, para uma festa de excessos de embriaguez, que só pode resultar em dissolução.

Em terceiro lugar, *uma festa com liberdade extravagante* (1:8). Todo o povo, maiores e menores bebiam sem constrangimento. A ordem real estava prescrita: "Na minha festa não tem moderação". O limite imposto era não ter limites. Esse foi o banquete da bebedeira sem freios, dos excessos sem pudor, da indecência sem pejo. Concordo com Iain Duguid quando diz que a tendência de regular esses detalhes é de um sinal de fraqueza, e não de poder.[9] Joyce Baldwin, citando Heródoto e Xenofonte, diz que havia uma lei de que sempre que o rei bebia, todos bebiam.[10]

O banquete oferecido às mulheres (1:9)

Se o rei Assuero gostava de dar banquetes, não era diferente com a rainha Vasti. Vejamos: "Também a rainha Vasti deu um banquete às mulheres na casa real do rei Assuero" (1:9). A farra estava rolando solta. Ninguém pode ficar de fora dessa festança. Homens e mulheres são chamados a se divertirem, a comerem e beberem às expensas do rei e da rainha. Joyce Baldwin diz que o nome Vasti é enigmático porque, de acordo com Heródoto, o nome da rainha era Amestris, filha de Otanes, que havia apoiado Dario em sua reivindicação do trono em 522 a.C., mas é possível que ele tivesse outras rainhas, cujos nomes não vieram à luz, ou que ela tivesse dois nomes diferentes. O nome Vasti, que é escrito de sete maneiras diferentes em outras versões, tem sido associado com as palavras persas que significam "melhor" ou "a amada", "a desejada", belos significados para o nome de uma rainha.[11]

Notas

[1] DUGUID, Iain M. *Ester e Rute*, p. 13,14.
[2] BALDWIN, Joyce G. *Ester: introdução e comentário*, p. 50.

[3] BALDWIN, Joyce G. *Ester: introdução e comentário*, p. 50.
[4] BALDWIN, Joyce G. *Ester: introdução e comentário*, p. 51.
[5] WASSERMAN, Rodolpho. *Meguilat Ester*, p. 2.
[6] BALDWIN, Joyce G. *Ester: introdução e comentário*, p. 51.
[7] NETO, Emílio Garofalo. *Ester* na casa de Pérsia, p. 30,31.
[8] DUGUID, Iain M. *Ester e Rute*, p. 16.
[9] DUGUID, Iain M. *Ester e Rute*, p. 16.
[10] BALDWIN, Joyce G. *Ester: introdução e comentário*, p. 52.
[11] BALDWIN, Joyce G. *Ester: introdução e comentário*, p. 53.

Capítulo 2

A rebelião e a deposição da rainha Vasti

(Ester 1:10-22)

Depois de mostrar todas as glórias de seu reino aos príncipes e nobres do povo, Assuero quis mostrar o seu tesouro mais belo, a rainha Vasti. A rainha, porém, abalou o império. Ela ousou desobedecer a uma ordem do poderoso rei Assuero. Sua atitude provocou um tsunami no centro do poder e as ondas desse tsunami se espalharam para além do palácio do rei. Joyce Baldwin diz que o grande rei que governava sobre todo o mundo conhecido e gozava de recursos ilimitados, não obstante, era vulnerável. Este incidente levantou a questão de quem tinha a última palavra em casa.[1]

O rei é desafiado pela rainha Vasti (1:10-12)

John Goldingay destaca que o rei Assuero (versão persa) ou Xerxes (versão grega) pode patrocinar uma festa com duração de seis meses. Esse banquete se desenvolve em meio a um cenário de parques esplêndidos, decorados com os mais espetaculares ornamentos, no qual se pode beber sem limites. O rei que pode controlar tudo isso não possui controle sobre a própria esposa. Vasti desobedece a uma ordem de seu marido, o rei Assuero, para permanecer fiel a si mesma e conseguir se olhar no espelho, ainda que o preço a pagar seja ser deposta de sua posição como rainha e esposa.[2] Alguns rabinos entendem que a ordem a Vasti era para que ela aparecesse nua, usando nada mais do que a sua coroa real.[3] É certo que essa interpretação parece ir além do que está escrito. O entendimento da maioria dos intérpretes é que Vasti deveria aparecer vestida com suas finas roupas reais para o deleite de uma multidão de homens bêbados, numa verdadeira exibição de sua beleza, como se ela fosse apenas um objeto do prazer do rei e uma demonstração do seu poder absoluto.[4] Destacaremos, aqui, três pontos:

Em primeiro lugar, *a comitiva nomeada para introduzir a rainha Vasti perante o rei* (1:10-11a). "Ao sétimo dia, estando já o coração do rei alegre de vinho, mandou a Meumã, Bizta, Harbona, Bigtá, Abgta, Zetar e Carcas, os sete eunucos que serviam na presença do rei Assuero, que introduzissem à presença do rei a rainha Vasti, com a coroa real [...]". O rei Assuero, depois de sete dias de bebedeira, já tomado por uma alegria etílica, enviou uma equipe de sete eunucos, dos mais achegados, para buscarem a rainha Vasti, a fim de introduzi-la à sua presença.

Em segundo lugar, *a motivação do rei para apresentar a rainha* (1:11b). "[...] para mostrar aos povos e aos príncipes a formosura dela, pois era em extremo formosa." Vasti deveria vir trajada com a coroa real. O objetivo de Assuero era mostrar sua mulher como um troféu e expor diante dos povos e dos príncipes, já alcoolizados, a exuberante beleza física de Vasti. Joyce Baldwin diz que Assuero queria levar a sua grande exibição a um clímax, mostrando a beleza da rainha Vasti.[5] Charles Swindoll diz que Assuero queria fazer desfilar a beleza de Vasti diante de todos os convidados bêbados, para seu gozo e inveja dos príncipes.[6]

Em terceiro lugar, *a recusa da rainha a comparecer perante o rei* (1:12a). "Porém a rainha Vasti recusou vir por intermédio dos eunucos, segundo a palavra do rei [...]". A rainha Vasti, num ato de resistência, movida de amor-próprio, recusou-se a atender a convocação do rei. O rei podia controlar o império, mas não sua mulher. Podia estar cercado de bajuladores, mas não tinha forças para manipular uma mulher corajosa. Iain Duguid diz que a lei dos persas e dos medos, que não podia ser revogada, podia, porém, ser recusada.[7] Vasti recusou-se a ser tratada como um mero objeto sexual. Ao dizer "não" ao rei, ela sacudiu as bases do império. O rei tem muito poder, mas não tem poder sobre o coração de sua mulher. Os poderosos não são tão poderosos como aparentam ser. Vasti teve coragem de dizer não ao que estava flagrantemente errado e, ao resistir a esse ato ofensivo à sua dignidade, ela se opôs ao maior poder do universo. Porém, o ponto principal desta passagem é que a mão divina se achava, a todo o tempo, prevalecendo sobre a brutalidade de Assuero.[8]

O rei depõe a rainha Vasti (1:12b-22)

Diante da rebelião de Vasti, o império contra-atacou, depondo-a do honrado posto de rainha. A deposição de

Vasti faz parte do intrincado plano de Deus que está em curso no silêncio de sua providência soberana. Seu lugar seria dado a alguém melhor do que ela. Sua decisão, embora honrosa, não libertou ninguém, sequer a ela mesma. Iain Duguid escreve: "Pragmaticamente, Vasti é um modelo de como não fazer as coisas dentro do império: o prego que ousou sobressair foi de fato martelado por causa disso. Ester teria de ser muito mais cuidadosa e sutil ao lidar com o império se ela quisesse acalmar a situação. A recusa de Vasti serve para revelar a fraqueza da lei para ordenar o comportamento. A resistência é possível. A assimilação à vontade do império não é inevitável.[9] Destacamos, aqui, cinco pontos:

Em primeiro lugar, *a fúria do rei* (1:12b). "[...] pelo que o rei muito se enfureceu e se inflamou de ira". Assuero não podia esperar que, no auge de sua festança, uma ordem sua fosse desobedecida e desobedecida pela sua própria mulher. Sua autoridade ficou arranhada. Seu prestígio ficou abalado. O que restou ao rei foi se enfurecer sobremaneira e inflamar-se de ira. O rei ficou humilhado diante de todos os líderes do império. Assuero governa cento e vinte e sete províncias, mas não controla sua mulher, nem mesmo os seus sentimentos.

Em segundo lugar, *a consulta do rei* (1:13-15). O narrador registra:

> Então, o rei consultou os sábios que entendiam dos tempos (porque assim se tratavam os interesses do rei na presença de todos os que sabiam a lei e o direito; e os mais chegados a ele eram: Carsena, Setar, Admata, Társis, Meres, Marsena e Memucã, os sete príncipes dos persas e dos medos, que se avistavam pessoalmente com o rei e se assentavam como principais do reino) sobre o que se devia fazer, segundo a lei, à rainha

Vasti, por não haver ela cumprido o mandato do rei Assuero, por intermédio dos eunucos.

Assuero é um líder fraco e inseguro. Ele não tinha grande capacidade intelectual nem discernimento político. Sua insegurança e seu decreto revelam fraqueza de caráter. O rei precisa consultar os sábios de seu reino para lidar com um conflito conjugal. Ele pode convocar os príncipes e reunir os povos, mas não consegue a submissão incondicional de sua rainha. Uma mulher abalou o império. Um ato de resistência estremeceu as estruturas do palácio. A questão a resolver era "o que se deve fazer, segundo a lei, à rainha Vasti, por não haver ela cumprido o mandato do rei Assuero, por intermédio dos eunucos" (1:15). Joyce Baldwin diz que os conselheiros reais, os sábios, eram uma instituição tradicional; no Egito, esses foram consultados por Faraó (Gn 41.8), e Daniel estava entre os sábios babilônicos, no tempo de Nabucodonosor.[10]

Em terceiro lugar, *o parecer da consulta do rei* (1;16). Reuniu-se para a consulta um gabinete íntimo composto do rei, de príncipes e conselheiros. Memucã provou o seu valor. Foi uma atitude astuta da parte dele subtrair o calor do ressentimento pessoal do rei, colocando o incidente em um contexto mais amplo. Foi também um movimento esperto tirar o máximo proveito do fato de que ele tinha diante de si uma reunião apenas de homens. Ganhando o seu apoio, ele podia aproveitar-se de um infeliz revés às expensas da rainha.[11] Em resposta à consulta do rei, o parecer de Memucã, um de seus principais conselheiros, foi imediato: "A rainha Vasti não somente ofendeu ao rei, mas também a todos os príncipes e a todos os povos que há em todas as províncias de Assuero". A recusa de Vasti poderia ter efeito cascata que se espalharia por todo o império. O problema pessoal do rei poderia ser o problema de todos os príncipes e se transformaria numa onda de rebelião por todo o império.

Em quarto lugar, *os efeitos colaterais da rebelião da rainha* (1:17-20). Memucã alertou Assuero de que a notícia de rebelião de Vasti chegaria a todas as mulheres do império e elas, de igual modo, desprezariam seu marido. Com a velocidade de um rastilho de pólvora, as princesas da Pérsia e da Média, ao ouvirem o que fez Vasti, diriam o mesmo a todos os príncipes do rei. O resultado desse levante feminino provocaria muito desprezo e indignação. O conselheiro de Assuero orientou-o a promulgar um edito real, de forma irrevogável, inserindo-o nas leis dos persas e dos medos, segundo o qual Vasti jamais deveria entrar na presença do rei Assuero e que o rei daria o reino dela a outra que lhe seja melhor. O propósito desse edito era que, assim como o rei havia descartado Vasti, esse exemplo haveria de intimidar quaisquer esposas que ousassem desafiar seu marido. A própria proclamação da lei conseguiria a submissão desejada.[12]

Em quinto lugar, *a decisão do rei* (1:21-22). O conselho de Memucã agradou ao rei Assuero e seus príncipes e o rei bateu martelo, acolhendo na íntegra a sugestão. Assim, ele enviou cartas a todas as províncias, a cada província segundo o seu modo de escrever e a cada povo segundo a sua língua — que cada homem fosse senhor em sua casa e que se falasse a língua do seu povo. Essa regulação era fútil. Usou-se todo o peso da autoridade imperial para afirmar que cada homem fosse o senhor de sua casa e reinasse em seu próprio lar. Será que a autoridade do homem deveria ser imposta por um decreto governamental? Será que todos os homens deveriam exercer o poder de maneira egoísta como o rei Assuero? Será que todo homem deveria banir a esposa caso ela não aceitasse atender aos caprichos do marido? Concordo com Iain Duguid quando escreve:

> O edito de Assuero se autodestrói. Ele serve apenas para publicar por todo o vasto império e na língua de todos os grupos de pessoas a falta de autoridade de Assuero na sua própria casa. Se o objetivo era inspirar respeito pelos maridos e por Assuero, o verdadeiro efeito foi exatamente o contrário. Se ele temia que a fofoca sobre sua impotência se espalhasse, o seu edito agora garantiria que todos ouviriam a história. Mais uma vez, ao mesmo tempo em que ficamos impressionados com o poder de Assuero, fica difícil não rir de como ele bate sua marreta numa noz e erra.[13]

Concordo com Emílio Garofalo Neto quando diz que esta é mais uma tolice dos nossos poderosos: achar que basta haver leis e as pessoas não mais agirão de certa forma.[14] O texto em apreço, segundo Iain Duguid, enseja-nos três grandes lições:[15]

A primeira delas é que não devemos levar muito a sério o poder e a glória deste mundo. Os banquetes regados a vinho, com decoração exuberante e cheia de ostentação escondem o vazio e a futilidade do império. Assim é o mundo ainda hoje. O brilho que ostenta é artificial. O *glamour* esconde as relações deterioradas nos bastidores do poder.

A segunda lição nos mostra que, às vezes, precisamos esperar para ver o que Deus está fazendo. Sua mão invisível está tecendo os fios da providência. Ele é o diretor invisível da história. A rebelião de Vasti abriu o caminho para Ester. Não há aqui coincidência, mas, sim, providência.

A terceira lição é que o reino de Deus é muito diferente dos reinos deste mundo. Por exemplo, o Senhor também é um grande rei cujos decretos não podem ser desafiados nem revogados. Ele governa soberanamente todas as coisas. Porém, sua lei é benfazeja para o homem e a mulher. Deus não usa as pessoas para propósitos egoístas. Ele ama todos e os atrai para si com cordas de amor. Em contraste com o reino de Assuero, Jesus, o Rei dos reis, também preparou um banquete suntuoso para o seu povo. Nesse dia, Ele mostrará o esplendor de sua noiva, a quem resgatou, não para expô-la à vergonha, mas para exaltá-la. Finalmente, o Senhor dos senhores também constitui o homem como cabeça de sua mulher, não para exercer um poder tirano, mas para servi-la, amá-la e dar sua vida por ela.

Notas

[1] BALDWIN, Joyce G. *Ester: introdução e comentário*, p. 53.
[2] GOLDINGAY. John. *Esdras, Neemias e Ester*, p. 218,219.
[3] Wasserman, Adolpho. *Meguilat Ester*, p. 4.
[4] DUGUID, Iain M. *Ester e Rute*, p. 17.
[5] BALDWIN, Joyce G. *Ester: introdução e comentário*, p. 54.
[6] SWINDOLL, Charles R. *Ester*, p. 40.
[7] DUGUID, Iain M. *Ester e Rute*, p. 17.
[8] SWINDOLL, Charles R. *Ester*, p. 41.
[9] DUGUID, Iain M. *Ester e Rute*, p. 19.
[10] BALDWIN, Joyce G. *Ester: Introdução e Comentário*, p. 54.
[11] BALDWIN, Joyce G. *Ester: Introdução e Comentário*, p. 55.
[12] BALDWIN, Joyce G. *Ester: introdução e comentário*, p. 55.
[13] DUGUID, Iain M. *Ester e Rute*, p. 20.
[14] NETO, Emílio Garofalo. *Ester na casa da Pérsia*, p. 38.
[15] DUGUID, Iain M. *Ester e Rute*, p. 20-23.

Capítulo 3

Ester, escolhida rainha da Pérsia

(Ester 2:1-23)

Os fatos narrados neste capítulo sucedem quatro anos depois daqueles narrados no capítulo anterior (1:3), ou seja, a deposição de Vasti se deu no terceiro ano do reinado de Assuero e a coroação de Ester ocorreu no sétimo ano de seu reinado (2:16). O que ocorreu nesse interregno? Lembremo-nos de que o fausto banquete dado aos príncipes e aos servos no capítulo primeiro tinha como propósito preparar os líderes e o povo para a grande batalha contra os gregos. O rei Assuero, depois do golpe da deposição da rainha Vasti, ainda colhe, também, uma dolorosa derrota na sua campanha grega malsucedida, que resultou na derrota naval em Salamina, em 480 a.C., e na batalha de Plataeias, em 479 a.C.[1]

Um plano em ação (2:1-4)

O tempo de coroar uma nova rainha havia chegado. Uma convocação haveria de ser feita. O plano de Memucã precisava ser implementado (1:19). O império tinha o domínio sobre todos os súditos, portanto uma convocação do rei às virgens formosas não poderia ser resistida. Nas palavras de Iain Duguid, "o rei gostava de aumentar sua coleção de bonecas vivas; as escolhidas viveriam em esplendoroso isolamento para o restante da vida, mesmo que apenas raramente fossem usadas como brinquedo".[2] Destacamos, aqui, quatro pontos importantes:

Em primeiro lugar, *uma batalha perdida* (2:1a). "Passadas estas coisas, e apaziguado já o furor do rei Assuero [...]". Passadas as festanças reais e a decepção da rebelião de Vasti, primeira-dama do império, Assuero entra na guerra contra os gregos no ano 480 a.C. Nessa batalha, conhecida como a batalha de Salamina, os persas sofrem uma grande derrota. Assuero, o homem mais poderoso do mundo, sofre um doloroso golpe amoroso e um humilhante golpe militar. Charles Swindoll destaca que Assuero voltou da guerra derrotado, solitário, precisando de afeto e de companhia duradoura.[3]

Em segundo lugar, *uma lembrança nostálgica* (2:1b). "[...] lembrou-se de Vasti, e do que ela fizera, e do que se tinha decretado contra ela". O tempo pode até abrandar certas mágoas, mas não as elimina. O rei Assuero não está mais irado com Vasti. Ao contrário, a saudade bate em seu peito. Reconhece que havia sido austero demais com ela. Mas, como a lei dos medos e dos persas não se revogava, era impossível reverter a situação e trazê-la de volta ao palácio.

Em terceiro lugar, *um plano sugerido* (2:2-4a). O narrador registra:

> Então, disseram os jovens do rei, que lhe serviam: "Tragam-se moças para o rei, virgens de boa aparência e formosura. Ponha o rei comissários em todas as províncias do seu reino, que reúnam todas as moças virgens, de boa aparência e formosura, na cidade de Susã, na casa das mulheres, sob as vistas de Hegai, eunuco do rei, guardas das mulheres, e deem-se-lhes os seus unguentos. A moça que cair no agrado do rei, essa reine em lugar de Vasti [...]".

Nessa conjuntura, os jovens do rei, que lhe serviam, desengavetaram o plano traçado por Memucã há quatro anos (1:19). Um grande concurso de beleza deveria ser promovido. O objetivo era escolher dentre todas as virgens mais belas do império a rainha da Pérsia. O critério para fazer parte do concurso era: ser virgem, ter boa aparência e formosura. Flávio Josefo, historiador judeu, nos conta que quatrocentas mulheres participaram desse concurso notável.[4] Essas moças deveriam passar por um tratamento especial com unguentos, sob a supervisão de Hegai, eunuco do rei. Ao final desse tratamento, que deveria durar um ano, a moça que caísse no agrado do rei ocuparia, então, o posto de Vasti e seria coroada rainha da Pérsia.

Joyce Baldwin tem razão em dizer que isto era mais do que um concurso de beleza, pois do ponto de vista das moças envolvidas, não era um destino invejável, a despeito do encanto da viagem e da possibilidade de se tornar a consorte real.[5] Emílio Garofalo é mais enfático ao escrever:

> Assuero vai arrancar moças de suas famílias e levá-las para viver na cidadela de Susã, na casa das mulheres, para sempre. Ele vai dormir com todas elas, queiram elas ou não. Não é um concurso de beleza que em que as candidatas com alegria se arrumam, fazem um book, uma audição ou o que seja e torcem para serem escolhidas. Não é um concurso, é um sequestro.

Um sequestro por todo o reinado, que vai da Etiópia até a Índia, em cento e vinte e sete províncias. Algumas moças serão arrancadas de casa e levadas para uma cidade estranha a centenas ou milhares de quilômetros de suas cidades. Para um local onde não falam a língua e não conhecem ninguém. E ele vai dormir com todas e escolher uma.[6]

Em quarto lugar, *uma concordância real* (2:4b). Está escrito: "[...] com isto concordou o rei, e assim se fez". Aprovado o projeto, as tratativas foram colocadas em ação para garimpar virgens formosas em todas as províncias do império, trazendo-as para a cidadela de Susã, para um tratamento intensivo de beleza.

Uma jovem judia é levada ao palácio (2:5-11)

É nessa conjuntura que a jovem Ester entra em ação. Ou melhor, é colocada em ação. Ela será uma dessas jovens formosas a concorrer o alto posto de rainha da Pérsia. Destacamos, aqui, seis pontos importantes:

Em primeiro lugar, *a família de Ester* (2:5,6). "Ora, na cidadela de Susã havia certo homem judeu, benjamita, chamado Mordecai, filho de Jair, filho de Simei, filho de Quis, que fora transportado de Jerusalém com os exilados que foram deportados com Jeconias, rei de Judá, a quem Nabucodonosor, rei da Babilônia, havia transportado." O narrador bíblico faz uma pausa no registro do concurso de beleza para introduzir a jovem Ester e dar um breve relato de sua família. O propósito é apresentar Mordecai, o primo que passou a cuidar dela após Ester ficar órfã de pai e mãe. Mordecai era um benjamita que vivia em Susã. Era filho de Jair, filho de Simei, filho de Quis, que fora transportado de Jerusalém com os exilados que foram deportados de Jerusalém para a Babilônia. Joyce Baldwin diz que o nome Mordecai, como os nomes dados a Daniel e seus amigos (Dn 1:7), deriva de um nome comum em Babilônia. Incorpora Marduk, nome de um deus estatal de Babilônia, e possivelmente é uma versão hebraica do nome popular Mardukaya. Já o fato de a família de Mordecai ter sido levada juntamente com Joaquim provavelmente significa que ela pertencia à nobreza (2Rs 24:12).[7] Mordecai, fazendo parte de uma terceira geração de exilados, não teria conhecido nada além da vida na Pérsia sob o império. O exílio era a realidade de sua existência. Concordo com Iain Duguid quando escreve: "Mais de cem anos de exílio haviam se passado desde a destruição de sua terra natal em 586 a.C., mas ele ainda não havia sido assimilado. Susã era sua residência, mas não seu lar".[8] Warren Wiersbe diz que o nome de Mordecai aparece cinquenta vezes no livro e, em sete ocasiões, é identificado como um "judeu" (2:5; 5:13; 6:10; 8:7; 9:29,31; 10:3).[9]

Em segundo lugar, *a criação de Ester* (2:7). "Ele criara a Hadassa, que é Ester, filha de seu tio, a qual não tinha pai nem mãe; e era jovem bela, de boa aparência e formosura. Tendo-lhe morrido o pai e a mãe, Mordecai a tomara por filha". Em virtude de Ester ser órfã de pai e mãe, seu primo Mordecai a tomou como filha e a criou. Joyce Baldwin diz que o hebraico é mais específico: "bela de forma e linda de se ver".[10]

Em terceiro lugar, *Ester é levada à casa do rei* (2:8). "Em se divulgando, pois, o mandado do rei e a sua lei, ao serem ajuntadas muitas moças na cidadela de Susã, sob as vistas de Hegai, levaram também Ester à casa do rei, sob os cuidados de Hegai, guarda das mulheres." Em face da divulgação do mandato do rei, selecionando jovens para concorrerem ao posto de rainha, Ester também foi levada, ficando sob os cuidados de Hegai, guarda das mulheres. Ester tem predicados físicos e morais para ser favorita nesse certame de beleza.

Em quarto lugar, *Ester cai nas graças de Hegai* (2.9). "A moça lhe pareceu formosa e alcançou favor perante ele; pelo que se apressou em dar-lhe os unguentos e os devidos alimentos, como também sete jovens escolhidas da casa do rei; e a fez passar com as suas jovens para os melhores aposentos da casa das mulheres". Logo que Ester chegou, já alcançou o favor de Hegai, que passou a dar a ela os unguentos e uma dieta especial, designando sete jovens para cuidar dela, transferindo-a para os melhores aposentos da casa das mulheres. É instrutivo notar o uso da palavra pactual "favor" (heb. *hesed*) nestes contextos seculares. Hegai a assinalou como favorita para a sucessão como rainha.[11] Um plano maior do que um concurso de beleza está em andamento. Uma mão superior à mão de Hegai está tecendo os fios da providência. O Deus que conhece o futuro no seu eterno agora, sabendo que a orquestração contra os judeus viria, antecipa a solução e coloca no palácio uma rainha judia, para ser a intercessora do seu povo.

Em quinto lugar, *Ester mantém sigilo sobre sua raça* (2:10). "Ester não havia declarado o seu povo nem a sua linguagem, pois Mordecai lhe ordenara que o não declarasse". Ela era uma pessoa discreta, e não apenas uma face bonita. Na verdade, a discrição realça a beleza. O sucesso de Ester é vertiginoso, porém, sua fidelidade a Mordecai não muda. Os conselhos que recebeu em casa continuaram balizando sua conduta, mesmo escalando os degraus do palácio real. Ester não apenas passou por um refinado tratamento com os melhores cosméticos e unguentos, mas refinou também seu caráter. Cuidou não apenas de sua beleza exterior, mas, também, de sua beleza interior. Por isso, não se deixou estragar pela sua meteórica ascensão. Ela foi subitamente removida da obscuridade ao estrelato e promovida ao trono, mas não perdeu os princípios aprendidos em casa. A soberba é a porta de entrada da desonra, mas a humildade é o caminho pavimentado da honra. Não foram as circunstâncias que fizeram Ester; Ester fez as circunstâncias. Sua postura honrada abriu-lhe o caminho para a proeminência.

Em sexto lugar, *Ester é vigiada por Mordecai* (2:11). "Passeava Mordecai todos os dias diante do átrio da casa das mulheres, para se informar de como passava Ester e do que lhe sucederia". Mordecai é um tutor espiritual responsável. Ele não deixa Ester sozinha. Todos os dias, ele passava diante do átrio da casa das mulheres, para se informar de como passava Ester e do que lhe sucedida. Ele esteve nos bastidores de cada estação da vida de Ester. Mordecai foi um pai adotivo exemplar. Cuidou de Ester não apenas em sua infância sofrida, mas acompanhou-a depois que ela estava na iminência de ser uma estrela na Pérsia. Sua influência sobre ela não se restringiu apenas à infância da menina órfã, mas continuou depois que ela ascendeu à elevada posição de candidata favorita a rainha.

Uma jovem judia é escolhida como rainha da Pérsia (2:12-20)

Cumpridos todos os rituais de preparação das jovens para se apresentarem ao rei Assuero, chegara a hora decisiva. Destacamos, aqui, seis pontos importantes:

Em primeiro lugar, *Ester participa do concurso de beleza* (2:12-14). O narrador registra:

> Em chegando o prazo de cada moça vir ao rei Assuero, depois de tratada segundo as prescrições para as mulheres, por doze meses (porque assim se cumpriam os dias de seu embelezamento, seis meses com óleo de mirra e seis meses com especiarias e com os perfumes e unguentos em uso entre as mulheres, então, é que vinha a jovem ao rei; a ela se dava o que desejasse para levar consigo da casa das mulheres para a casa do rei. À tarde, entrava e, pela manhã, tornava à segunda casa das mulheres, sob as vistas de Saagás, eunuco do rei, guarda das concubinas; não tornava mais ao rei, salvo se o rei a desejasse, e ela fosse chamada pelo nome.

O tempo de preparação havia terminado. Durante um ano, moças virgens e formosas foram preparadas, com todo requinte, para se apresentarem a Assuero. Cada uma passava uma noite com o rei. Se não fosse chamada de volta, estava desclassificada.

Joyce Baldwin destaca a desumanidade dessa cultura poligâmica, dizendo que os doze meses de tratamento de beleza propiciavam "preparação para o casamento", mas a parte triste era que, para a maioria, o que a esperava era mais provavelmente a viuvez, e não o casamento. Embora cada moça se mudasse da casa de Hegai para a de Saasgaz, depois de se tornar concubina, não havia nenhuma garantia de que o rei iria se lembrar dela por nome e chamá-la uma segunda vez. O prestígio de viver no palácio real era pequena compensação pela negligência do rei, embora as moças que fossem apaixonadas pelo luxo sem dúvida podiam gozá-lo ao máximo.[12] Essas moças viveriam numa gaiola de ouro, segregadas num harém, sem poderem desfrutar do convívio familiar e sem poderem constituir família.

Em segundo lugar, *Ester vence o concurso de beleza* (2:15). "Ester, filha de Abiail, tio de Mordecai, que a tomara por filha, quando lhe chegou a vez de ir ao rei, nada pediu além do que disse Hegai, eunuco do rei, guarda das mulheres. E Ester alcançou favor de todos quantos a viam". Chegou a vez de Ester, filha de Abiail, prima de Mordecai, ir ao rei. Ela alcançou o favor de todos e ganhou aprovação unânime, vencendo o disputado concurso de beleza, abrindo-lhe o caminho para o reinado. Ester, seguindo o conselho de Hegai, não leva consigo nenhum ornamento, exceto sua própria beleza natural. Sua autoestima era calibrada por uma confiança serena e segura. Ela confiava em si mesma. Mais do que isso, ela confiava no Deus da providência.

Em terceiro lugar, *Ester é escolhida pelo rei* (2:16,17). "Assim, foi levada Ester ao rei Assuero, à casa real, no décimo mês, que é o mês de tebete, no sétimo ano do seu reinado. O rei amou a Ester mais do que a todas as mulheres, e ela alcançou perante ele favor e benevolência mais do que todas as virgens; o rei pôs-lhe na cabeça a coroa real e a fez rainha no lugar de Vasti". Essa vitória de Ester é mais do vencer um concurso de Miss Universo. Ela é selecionada entre quatrocentas jovens belas não apenas para receber um prêmio, mas para ocupar o trono, como rainha do mais poderoso império do mundo. As tragédias de sua infância, tendo que conviver com o luto de seus pais, agora são recompensadas. Ester é guindada à posição mais alta que uma mulher poderia ocupar na Pérsia. Deus está honrando essa jovem. Mais tarde, Deus irá usar com grande poder essa rainha para livrar o seu povo da morte.

Em quarto lugar, *Ester é festejada pelo rei* (2:18). "Então, o rei deu um grande banquete a todos os seus príncipes e aos seus servos; era o banquete de Ester; concedeu alívio às províncias e fez presentes segundo a generosidade real". As bodas de casamento, com a escolha da nova rainha, requeria novo banquete, desta vez em honra a Ester. Sua ascensão como rainha de Pérsia, portanto, foi celebrada com um grande banquete, conhecido como o banquete de Ester, estendido a todos os príncipes e aos servos. O clima de alegria na corte real foi tal que o rei Assuero concedeu alívio de tributos às províncias e fez presentes segundo a generosidade real. Corrobora com esse pensamento Iain Duguid quando escreve: "O resultado da promoção de Ester foi alegria e bênção por toda parte. Quando o rei Assuero ficava feliz, todos em Susã ficavam felizes também: havia um ciclo virtuoso de felicidade para seus súditos — impostos eram perdoados e presentes distribuídos com real liberalidade".[13]

Em quinto lugar, *Ester continua sendo mentoreada por Mordecai* (2:19,20). "Quando, pela segunda vez, se reuniram as virgens, Mordecai estava assentado à porta do rei. Ester não havia declarado ainda a sua linhagem e o seu povo, como Mordecai lhe ordenara; porque Ester cumpria o mandado de Mordecai como quando a criava". Mesmo guindada à elevada posição de rainha do maior império do mundo, Ester manteve-se fiel aos ensinamentos aprendidos em casa e continuou seguindo os conselhos de Mordecai, seu primo, tutor e pai adotivo. No versículo 19, vemos Mordecai num cargo de honra e de autoridade, assentado à porta do rei (4:2; 5:13). No Oriente, a porta era o equivalente aos tribunais de hoje em dia, o lugar onde eram realizadas as negociações oficiais mais importantes (Rt 4:1; Dn 2:48,49).[14] Ester não foi uma criança indisciplinada nem uma jovem rebelde. Ela se submeteu aos ensinamentos de Mordecai e foi forjada na escola da disciplina. Os valores aprendidos em casa formataram sua conduta e serviram de fanal ao longo do seu caminho.

Em sexto lugar, *as características de Ester*. Ester não teve o privilégio de ser criada por pai e mãe, mas teve uma refinada educação familiar. Seu primo Mordecai não somente a criou, mas forjou-a para grandes coisas e preparou-a para uma grande missão. Tomaremos emprestado as sugestões de Charles Swindoll para ressaltar seis características de Ester:[15]

Primeira, *uma jovem formosa* (2:9). Ester era formosa por fora e bela por dentro. Sua personalidade graciosa somada à sua beleza física chamou a atenção de Hegai, responsável pelo disputado concurso de beleza, com vistas à elevada posição de rainha da Pérsia. Ester recebe lugar, tratamento e cuidados especiais, superando as demais concorrentes.

Segunda, *uma jovem discreta* (2:10). Ester é orientada por Mordecai a não declarar o seu povo nem a sua linhagem. Isso poderia ser um obstáculo à sua pretensão. Seu povo vivia no exílio e não eram poucas as hostilidades contra os judeus em todo o império. A discrição é filha da prudência. O silêncio é mais eloquente do que um rio de palavras. Guardar confidências é evidência de uma pessoa madura. A discrição de Ester foi decisiva para desbancar os planos malignos de Hamã. Ela aguardou a hora certa de declarar sua linhagem. Foi por causa dessa maturidade de Ester que ela conseguiu trazer o rei Assuero para dentro de sua agenda, na defesa de seu povo.

Terceira, *uma jovem ensinável* (2:10,20). Ester foi ensinada a ser ensinável. Não foi uma criança rebelde nem uma jovem revoltada com a orfandade. Ela aprendeu desde a infância o princípio de autoridade e da obediência como fatores para a bem-aventurança na vida. Não jogou fora os ensinamentos de seu tutor espiritual quando subiu os degraus da fama. Não se gabou de sua posição. Feliz são os filhos que ouvem os conselhos de seus progenitores. Bem-aventurados são os jovens que não jogam fora o legado dos pais quando se tornam adultos ou quando chegam a uma posição de honra. Ester só se tornou grande porque tinha berço. Ela só chegou no palácio, como rainha da Pérsia, porque seus valores morais eram mais brilhantes do que a exuberância de sua beleza física.

Quarta, *uma jovem modesta* (2:12-15). O tempo de preparação de um ano havia terminado. Depois de um *spa* de alto padrão, com tratamento intensivo com especiarias, perfumes e unguentos, era a hora das jovens mais belas do império apresentarem-se ao rei. Chegara a hora do desfile na passarela real. Cada moça podia escolher o que desejava levar consigo da casa das mulheres para a casa do rei, como joias, roupas, perfumes e cosméticos. A candidata tinha uma única chance. Se o rei não a chamasse até o dia seguinte depois de ter estado com ela, já estava desclassificada. Ao chegar a vez de Ester ir ao rei, nada pediu além do que disse Hegai, eunuco do rei, guarda das mulheres. A estrela de Ester brilhou. Ela alcançou o favor de todos quantos a viam. Concordo com Charles Swindoll quando escreve: "Ester não sucumbe à tentação ao seu redor — à superficialidade, egoísmo e sedução. Ela se porta com modéstia desinteressada, mantendo a sua autenticidade em meio a toda aquela incomparável extravagância".[16]

Quinta, *uma jovem simpática* (2:15-17). Ester ganha não apenas o favor de todos quantos a viam, mas, sobretudo, ganhou o amor, o favor e a benevolência do rei, que imediatamente colocou em sua cabeça a coroa real e a constituiu rainha em lugar de Vasti.

Sexta, *uma jovem sábia* (2:18-20). Coroada a jovem rainha, Assuero deu um grande banquete a todos os seus príncipes e aos seus servos; era o banquete de Ester. O rei foi benevolente para com as províncias, aliviando-lhes os encargos e tributos, e fez presentes segundo sua generosidade. Mesmo cercada de *glamour*, riqueza e prestígio, Ester continuou fiel às instruções de seu mentor espiritual. Diz o narrador: "Ester não havia declarado ainda a sua linhagem e o seu povo, como Mordecai lhe ordenara; porque Ester cumpria o mandato de Mordecai como quando a criava" (2:20). Concordo com Charles Swindoll quando escreve:

> Muitos pensam que depois de casar-se a pessoa não precisa mais dos conselhos dos pais. Ou que, ao tornar-se independente, o indivíduo fica totalmente por sua própria conta. Você decide as coisas sozinho e faz o que quer. Todavia, vemos aqui que Ester, mesmo depois de ser coroada rainha daquela terra, lembrou-se da sabedoria do seu protetor e aceitou de bom grado o seu conselho.[17]

Uma conspiração contra o rei (2:21-23)

C. E. Demaray diz que neste ponto há um incidente que interrompe momentaneamente a sequência da narrativa, que só tem significado enquanto cria a oportunidade de posterior exaltação de Mordecai a um lugar de influência na corte. Mordecai descobre um complô para matar o rei.[18]

A vida não está segura nem mesmo dentro dos palácios. O rei pode ter controle sobre os braços de seus súditos, mas não sobre o coração deles. A corte é, também, um lugar de tramas de morte. E foi exatamente isso que aconteceu. Destacamos, aqui, quatro pontos importantes:

Em primeiro lugar, *uma trama de morte* (2:21). "Naqueles dias, estando Mordecai sentado à porta do rei, dois eunucos do rei, dos guardas da porta, Bigtã e Teres, sobremodo se indignaram e tramaram atentar contra o rei Assuero". Dois eunucos do rei, dos guardas da porta, Bigtã e Teres, indignados contra o rei Assuero, tramaram matá-lo. O narrador não menciona a causa dessa indignação, mas foi suficiente para esses dois serviçais traçarem um plano secreto para matar Assuero. Nem sempre as pessoas que nos cercam têm boas intenções a nosso respeito. Às vezes o sorriso dos lábios esconde corações carrancudos. Às vezes palavras amáveis escondem planos malignos. Às vezes assessores próximos transformam-se em nossa maior ameaça. O grande general Júlio César foi traído por Brutus e apunhalado nas costas pelo homem que desfrutava de sua confiança. O próprio Senhor Jesus foi traído por Judas, um de seus discípulos.

Em segundo lugar, *uma revelação providencial* (2:22). "Veio isso ao conhecimento de Mordecai, que o revelou à rainha Ester, e Ester o disse ao rei, em nome de Mordecai". O pacto sigiloso e mortal dos dois guardas vazou e chegou aos ouvidos de Mordecai, que estava à porta do rei. Adolpho Wasserman diz que a porta do rei era o local onde se reunia a assembleia dos dignatários do reino. Anciãos, juízes e até reis sentavam-se no portão da cidade.[19] Então, imediatamente Mordecai deu ciência a Ester desse plano conspiratório contra seu marido, e esta, sem detença, informou-lhe, em nome de Mordecai, o plano traiçoeiro de Bigtã e Teres. O mal planejado no recôndito do palácio tornou-se o mal descoberto e denunciado.

Em terceiro lugar, *uma sentença exemplar* (2:23a). "Investigou-se o caso, e era fato; e ambos foram pendurados numa forca [...]". O tiro saiu pela culatra. Eles tramaram a morte do rei, mas foram eles que foram apanhados pela morte. Essa execução pública, certamente, serviu de alerta a possíveis futuros planos regicidas.

Em quarto lugar, *um registro importante* (2:23b). "[...] isso foi escrito no livro das crônicas, perante o rei". Tanto a conspiração de Bigtã e Teres contra o rei Assuero quanto a denúncia providencial de Mordecai foram escritas no livro das crônicas, diante do rei. Esse episódio, no futuro, haveria de abrir um novo caminho para Mordecai ser levado a uma posição de honra no império persa. Aqui não há coincidência, mas providência. O tempo de Deus não é nosso. Na hora oportuna, no tempo azado, o gesto de Mordecai será lembrado e recompensado. Devemos fazer o que é certo, mesmo que a recompensa retarde.

NOTAS

[1] DEMARAY, C. E. *O livro de Ester*. Em *Comentário bíblico Beacon*. Vol. 2, p. 548.
[2] DUGUID, Iain M. *Ester e Rute*, p. 26.
[3] SWINDOLL, Charles R. *Ester*, p. 56
[4] JOSEFO, Flávio. *História dos hebreus*, p. 520.
[5] BALDWIN, Joyce G. *Ester: introdução e comentário*, p. 57.
[6] NETO, Emílio Garofalo. *Ester na casa da Pérsia*, p. 49.
[7] BALDWIN, Joyce G. *Ester: introdução e comentário*, p. 58,59.
[8] DUGUID, Iain M. *Ester e Rute*, p. 27.
[9] WIERSBE, Warren W. *Comentário bíblico expositivo*. Vol. 2, p. 696.
[10] BALDWIN, Joyce G. *Ester: introdução e comentário*, p. 59.
[11] BALDWIN, Joyce G. *Ester: introdução e comentário*, p. 60.
[12] BALDWIN, Joyce G. *Ester: introdução e comentário*, p. 60,61.
[13] DUGUID, Iain M. *Ester e Rute*, p. 31.
[14] WIERSBE, Warren W. *Comentário bíblico expositivo*. Vol. 2, p. 698.
[15] SWINDOLL, Charles R. *Ester*, p. 59-65.

[16] SWINDOLL, Charles R. *Ester*, p. 63.
[17] SWINDOLL, Charles R. *Ester*, p. 65.
[18] DEMARAY, C. E. *O livro de Ester*. Em *Comentário bíblico Beacon*. Vol. 2, p. 549.
[19] WASSERMAN, Adolpho. *Meguilat Ester*, p. 9.

Capítulo 4

Uma tempestade à vista

(Ester 3:1-15)

DEPOIS DA COROAÇÃO DE Ester no ano sétimo de Assuero (2:16) e antes do décimo segundo ano (3:7), Hamã tornou-se o homem forte do império persa, posição secundária à do próprio rei (10:3). Warren Wiersbe destaca seus antepassados (3:1a), sua autoridade (3;1b), sua vaidade (3:2-6), sua sutileza (3:7-15a), sua apatia (3:15b).[1]

Um homem mau é engrandecido (3:1-6)

Hamã é um antissemita consumado. Na providência carrancuda, esse homem de índole má é guindado ao mais alto posto de influência no império persa pelo próprio rei Assuero. Certamente, quando os maus governam, a terra se transtorna. Não foi diferente com Hamã. Vejamos:

Em primeiro lugar, *a origem de Hamã* (3:1a). "Depois destas coisas, o rei Assuero engrandeceu Hamã, filho de Hamedata, o agagita [...]". Os ancestrais de Hamã eram agagitas, da família de Agague, rei dos amalequitas, os terroristas do deserto e amargos inimigos de Israel. Eles atacaram Israel no deserto (Êx 17:8-16; Dt 25;17-19; 1Cr 4:43) e se tornaram inimigos do povo de Deus. Amaleque foi considerado "o povo que não temeu a Deus" (Dt 25:18). Quinhentos anos depois do êxodo, Deus ordenou o rei Saul a eliminar os amalequitas. Porém, Saul poupou o melhor do gado e o melhor do povo, o rei Agague, em afrontosa desobediência ao Senhor (1Sm 15). Se Saul tivesse obedecido a Deus, Hamã não estaria ameaçando, agora, exterminar o povo judeu. Como diz Iain Duguid, "os pecados passados costumam voltar repetidamente para assombrar a nós e, às vezes, aos nossos filhos depois de nós".[2] O povo amalequita, que perseguiu Israel por séculos, foi finalmente derrotado por Davi. Porém, o ódio deles por Israel não pôde ser apagado pelas brumas do tempo. Aqui, no quinto século antes de Cristo, um remanescente dos amalequitas está nutrindo um ódio consumado por Mordecai e engendrando um plano para exterminar todos os judeus do império persa. Trata-se de um antigo rancor. Os agagitas odiavam os judeus. Hamã vinha cultivando esse rancor antigo nutrido de geração em geração.

Em segundo lugar, *a posição de Hamã* (3:1b). "[...] e o exaltou, e lhe pôs o trono acima de todos os príncipes que estavam com ele". Cinco anos haviam se passado desde que Ester fora elevada a rainha da Pérsia (2:16; 3:7). O rei

Assuero resolve, nesse tempo, engrandecer a agagita Hamã, pondo seu trono acima de todos os príncipes que estavam com ele. O perverso Hamã tem uma carreira meteórica, uma ascensão vertiginosa, uma influência poderosa sobre o rei e sobre o reino. Concordo com Charles Swindoll quando diz que a vida não é só penosa, é também injusta.[3] O homem mais honrado pelo rei Assuero é um consumado inimigo do povo judeu. Ester não estará segura enquanto esse perverso líder estiver no poder. O povo judeu não está seguro enquanto Hamã exercer influência sobre o rei e sobre o reino.

Em terceiro lugar, *a submissão a Hamã* (3:2a). "Todos os servos do rei, que estavam à porta do rei, se inclinavam e se prostravam perante Hamã; porque assim tinha ordenado o rei a respeito dele [...]". Era o apogeu da glória, o pináculo da fama, o ponto culminante da autoridade despótica para um homem amante do poder e embriagado pela fama. Os asseclas se curvam. Os que não obedecem a princípios absolutos se rendem. Os covardes se prostram. A subserviência do povo só fazia crescer a vaidade de Hamã.

Em quarto lugar, *a resistência a Hamã* (3:2b). "[...] Mordecai, porém, não se inclinava nem se prostrava". Nessa orquestra de subserviência, um instrumento desafinou. Nesse coral da escravidão, uma voz dissonante não se curvou. Mordecai é um solo de sensatez diante do coral da loucura. O judeu Mordecai não se inclinava nem se prostrava diante de Hamã. Ele obstinadamente recusou-se a submeter-se. Ele tinha coragem para resistir. Tinha princípios inegociáveis pelos quais estava pronto a viver e a morrer. Mesmo sabendo dos riscos da resistência, não se intimidou. Nas palavras de Iain Duguid, "curvar-se diante de Hamã, um descendente da família do rei Agague, era mais do que Mordecai podia engolir. Seria como submeter-se a um inimigo odiado, a quem Deus havia amaldiçoado".[4] Resta claro afirmar que aqueles que temem a Deus não têm medo dos homens.

Como diz Emílio Garofalo, o mesmo Mordecai que numa hora é um bom persa e protege a vida do rei, noutra hora se recusa a obedecer a uma ordem do rei. Há horas em que devemos agir em lealdade para com nossos governantes como cidadãos exemplares, mas há espaço para a desobediência civil se as ordens do rei envolverem trair a lei de Deus.[5] Nesse quesito os apóstolos nos ensinam: "Antes importar obedecer a Deus que aos homens" (At 5:29).

A resistência de Mordecai nos remete à postura das parteiras hebreias (Êx 1:15-22), de Daniel (Dn 6) e de seus amigos na Babilônia (Dn 3), bem como dos apóstolos (At 5:29). Os amigos de Daniel preferiram ser jogados na fornalha de fogo ardente a curvarem-se diante de imagem que Nabucodonosor levantou. Daniel preferiu ser jogado na cova dos leões a deixar de orar ao Senhor com as janelas abertas para as bandas de Jerusalém. É digno de destaque que Deus honra aqueles que o honram (1Sm 2:30), seja livrando-os da morte, seja livrando-os na morte.

Em quinto lugar, *a denúncia a Hamã* (3:3,4). "Então, os servos do rei, que estavam à porta do rei, disseram a Mordecai: 'Por que transgrides as ordens do rei?'. Sucedeu, pois, que, dizendo-lhes eles isto, dia após dia, e não lhes dando ele ouvidos, o fizeram saber a Hamã, para ver se as palavras de Mordecai se manteriam de pé, porque ele lhes tinha declarado que era judeu". Os servos do rei, que estavam à porta do rei, questionaram a Mordecai, e isso todos os dias, acerca da razão de sua transgressão a uma ordem expressa do rei. Não dando Mordecai ouvidos a esses asseclas do rei e capachos de Hamã, eles o denunciaram a Hamã, na tentativa de provar se Mordecai teria mesmo tutano para continuar resistindo. Os covardes tentam nos medir pela sua régua. Enganaram-se acerca de Mordecai. Sua postura granítica não era bravata. Sua firmeza pétrea não era capricho. Ele está pronto para morrer, mas não para pecar. Intimidação não o faz transigir. Sua coragem não emana de si mesmo, mas do alto; não procede dele, mas de Deus.

Em sexto lugar, *a retaliação de Hamã* (3:5,6). "Vendo, pois, Hamã que Mordecai não se inclinava, nem se prostrava diante dele, encheu-se de furor. Porém, teve como pouco, nos seus propósitos, o atentar apenas contra Mordecai, porque lhe haviam declarado de que povo era Mordecai; por isso, procurou Hamã destruir todos os judeus, povo de Mordecai, que havia em todo o reino de Assuero". Quando Hamã percebeu que Mordecai não se curvava nem se prostrava diante dele, encheu-se de furor. Ele não podia tolerar nenhuma insubordinação. Sua fúria atiçou o fogo da perseguição não apenas contra Mordecai, mas, também, contra todo o povo judeu espalhado pelo império. Hamã procurou destruir todos os judeus, povo de seu desafeto, que havia em todo o reino de Assuero, espalhado nas cento e vinte sete províncias. Nas palavras de Iain Duguid, "Hamã não achou suficiente uma simples vingança contra um inimigo pessoal. Por causa do seu orgulho ferido, eliminar uma única pessoa seria retribuição pequena demais. Em vez disso, ele planejou um fim para todo o povo de Mordecai em todo o império".[6]

Um plano genocida é arquitetado (3:7-11)

O mal ergue sua fronte cavernosa. Procede de Hamã, o idealizador; passa por Assuero, o outorgador; e termina com os carrascos, os executores. Destacamos, aqui, alguns pontos:

Em primeiro lugar, *a ocasião* (3:7). "No primeiro mês, que é o mês de nisã, no ano duodécimo do rei Assuero, se lançou o Pur, isto é, sortes, perante Hamã, dia a dia, mês a mês, até ao duodécimo, que é o mês de adar". Joyce Baldwin chama a atenção para o fato de que o lançamento de sortes era costume comum em todo o Oriente antigo e, em certas situações específicas, era empregado por Israel como método de orientação. Mediante o uso legítimo de sortes o Senhor tornava conhecida sua vontade (Pv 16:33).[7] Hamã estava procurando orientação para saber o tempo certo de botar em execução o seu plano maligno. O plano genocida de Hamã contra o povo judeu deu-se no décimo segundo ano do reinado de Assuero. O lançamento de sortes durou um ano inteiro. Todo esse ritual tinha como propósito definir o tempo para o ataque devastador ao povo judeu espalhado em todas as províncias do reino.

Em segundo lugar, *a acusação* (3:8). "Então, disse Hamã ao rei Assuero: 'Existe espalhado, disperso entre os povos em todas as províncias do teu reino, um povo cujas leis são diferentes das leis de todos os povos e que não cumpre as do rei; pelo que não convém ao rei tolerá-lo'". Hamã pinta um cenário sombrio e ameaçador à estabilidade do império. Descreve os judeus, espalhados por todo o domínio persa, como um povo rebelde, recalcitrante e insubmisso às leis emanadas do rei. Se o rei não tolerou a insubmissão da rainha Vasti, tampouco deveria tolerar a insubordinação desses exilados. Concordo com Charles Swindoll quando diz que Hamã diz ao rei o que ele quer ouvir, mas não conta a história toda. Não menciona o seu próprio preconceito, seu rancor antigo — o odioso antissemitismo que remonta às raízes amalequitas.[8] A língua de Hamã era um fogo devastador. Era mais afiada que sua espada. Ele trazia escondido atrás dos dentes a fera mais venenosa, sua língua maligna. Suas palavras maliciosas e tendenciosas tinham como propósito induzir e insuflar o rei a baixar um decreto para exterminar o povo judeu.

Em terceiro lugar, *a solicitação* (3:9). "Se bem parecer ao rei, decrete-se que sejam mortos, e, nas próprias mãos dos que executarem a obra, eu pesarei dez mil talentos de prata para que entrem nos tesouros do rei". Hamã, de forma astuta, joga no colo do rei o ônus da decisão de matar os judeus, ao mesmo tempo que faz a promessa de uma gorda recompensa ao erário público, ou seja, saquear as riquezas dos judeus, transferindo o vultoso valor de trezentos e cinquenta mil quilos de prata, ou seja, dez mil talentos de prata, aos tesouros do rei. Fica claro que o seu plano de destruir todo um povo não poderia ser realizado em seu próprio nome. Ele precisava do consentimento do rei. Assuero demonstra uma confiança infantil em Hamã. Não há nenhum questionamento, avaliação ou verificação das denúncias. O rei simplesmente dá carta branca a Hamã para agir, dispensando inclusive a vultosa oferta.

Em quarto lugar, *a autorização* (3:10,11). "Então, o rei tirou da mão o seu anel, deu-o a Hamã, filho de Hamedata, agagita, adversários dos judeus, e lhe disse: 'Essa prata seja tua, como também esse povo, para fazeres dele o que melhor for do teu agrado'". Sem pestanejar,

Assuero, caindo nas lábias desse homem astuto e perverso, anuiu ao plano assassino, e entregou seu próprio anel ao genocida Hamã.

O anel do rei era o selo de poder executivo, reconhecido por todo o império. Em face disso, Hamã tinha liberdade para levar a efeito a sua conspiração contra os judeus.[9] Iain Duguid levanta duas razões pelas quais Assuero permitiu que Hamã conseguisse que seu decreto fosse aprovado — em primeiro lugar, ele não se preocupava o bastante para descobrir o que realmente estava acontecendo; em segundo lugar, Assuero era motivado por simples ganância. O rei era um homem desconectado com a realidade.[10] É de bom tom alertar que num sistema de governo democrático, o anel de sinete está nas mãos do povo. Quando um cidadão dá o seu voto a um político despreparado, corrupto, amigo de ladrões, defensor de ideologias perniciosas, está entregando o anel de sinete em suas mãos para que barbáries sejam praticadas.

Um decreto de morte é lavrado (3:12-15)

A ordem é transmitida adiante. A máquina governamental é acionada e haverá gente para escrever a notícia e gente para traduzi-la em muitas línguas. O correio estatal levará em frente a nova para todo lado.[11] Joyce Baldwin corrobora: "A escrita do edito, a sua tradução em todas as línguas do império e a redação dos despachos finais são mostradas em detalhes".[12] Vejamos:

Em primeiro lugar, *a expedição do decreto genocida* (3:12,13). O narrador registra: "Chamaram, pois, os secretários do rei, no dia treze do primeiro mês, e, segundo ordenou Hamã, tudo se escreveu aos sátrapas do rei, aos governadores de todas as províncias e aos príncipes de cada povo; a cada província no seu próprio modo de escrever e a cada povo na sua própria língua. Em nome do rei Assuero se escreveu, e com o anel do rei se selou" (3:12). Os secretários do rei foram chamados para, sob as ordens de Hamã e em nome do rei Assuero, escrever aos sátrapas, aos governadores e aos príncipes de cada povo, em cada província, em cada língua, comunicando o decreto real de extermínio do povo judeu. Assim registra o narrador: "Enviaram-se as cartas, por intermédio dos correios, a todas as províncias do rei, para que se destruíssem, matassem e aniquilassem de vez a todos os judeus, moços e velhos, crianças e mulheres, em um só dia, no dia treze do duodécimo mês, que é o mês de adar, e que lhes saqueassem os bens" (3:13). Os correios do rei levavam os despachos reais por mensageiros expressos a cavalo, até os limites mais distantes do império. A ordem era dupla: extermínio e rapinagem, morte e roubo, derramamento de sangue e sequestro dos bens. Charles Swindoll descreve esse doloroso episódio assim:

> Hamã ordenou a aniquilação de todos os judeus em cada uma das cento e vinte e sete províncias do reino. Ele colocou por escrito o plano de extermínio e selou-o com o anel do rei, no primeiro mês do ano, mas o mesmo não devia ser executado até o duodécimo mês. "Deixe que vivam atormentados, sabendo o que os aguarda", deve ter sido o seu pensamento. Ele não só queria matá-los, como também torturá-los.[13]

Em segundo lugar, *a abrangência do decreto genocida* (3:14, 15). O narrador registra:

> Tais cartas encerravam o traslado do decreto para que se proclamasse a lei em cada província; esse traslado foi enviado a todos

os povos para que se preparassem para aquele dia. Os correios, pois, impelidos pela ordem do rei, partiram incontinenti, e a lei se proclamou na cidadela de Susã; o rei e Hamã se assentaram a beber, mas a cidade de Susã estava perplexa (3:14,15).

As cartas, enviadas por intermédio dos correios, celeremente chegaram a todas as províncias. Os povos deveriam se preparar para o grande dia da matança dos judeus. Os correios não atrasaram sua missão. Impelidos pela ordem do rei, partiram incontinente. A cidade de Susã, ao tomar conhecimento do decreto genocida, ficou perplexa e consternada, porém, em meio ao terror dos judeus sentenciados à morte, o rei Assuero e Hamã se assentaram para beber.

Concluímos este capítulo declarando que tanto Hamã quanto Assuero estavam errados. Hamã pensou que o futuro estava nas estrelas e podia ser desvendado pelo lançamento de sortes. A Palavra de Deus, que não pode falhar, porém, diz: "A sorte se lança no regaço, mas do SENHOR procede toda decisão" (Pv 16:33). Assuero estava errado quando disse a Hamã: "Essa prata seja tua, como também esse povo, para fazeres dele o que melhor for de teu agrado" (3:11). Hamã em breve seria enforcado e o povo judeu, honrado. O mesmo rei que sancionou uma lei para eliminar os judeus sanciona outra lei para que o povo judeu se defenda! A verdade incontroversa é que o Senhor, Deus dos céus e da terra, é quem dirige a história!

NOTAS

[1] WIERSBE, Warren W. *Comentário bíblico expositivo*. Vol. 2, p. 700-705.
[2] DUGUID, Iain M. *Ester e Rute*, p. 43.
[3] SWINDOLL, Charles R. *Ester*, p. 79.

[4] DUGUID, Iain M. *Ester e Rute*, p. 41.
[5] NETO, Emílio Garofalo. *Ester na casa da Pérsia*, p. 76,77.
[6] DUGUID, Iain M. *Ester e Rute*, p. 44.
[7] BALDWIN, Joyce G. *Ester: introdução e comentário*, p. 66.
[8] SWINDOLL, Charles R. *Ester*, p. 83.
[9] BALDWIN, Joyce G. *Ester: introdução e comentário*, p. 67.
[10] DUGUID, Iain M. *Ester e Rute*, p. 45,46.
[11] NETO, Emilio Garofalo. *Ester na casa da Pérsia*, p. 85.
[12] BALDWIN, Joyce G. *Ester: introdução e comentário*, p. 67.
[13] SWINDOLL, Charles R. *Ester*, p. 87.

Capítulo 5

É tempo de chorar, jejuar e agir

(Ester 4:1-17)

O POVO JUDEU ESTÁ sentenciado de morte, e isso em todas as províncias do império persa. O povo se cobre de pano de saco e cinza, enquanto o rei Assuero e Hamã, seu capataz, se assentam para beber. A crueldade humana não tem limites. Maus conselheiros fazem dos reis maus reis. É ato de perversidade inominável determinar a morte de um povo e ao mesmo tempo assentar-se para beber. Assuero demonstra nesse gesto seu descompromisso com a vida. Seus súditos são ferramentas vivas, escravos sem qualquer valor, que podem ser exterminados sem qualquer consternação.

O tempo de chorar chegou (4:1-3)

O ódio não abranda sua fervura com o passar dos anos. Hamã carrega em seu coração um ranço de gerações passadas que já dura mais de mil anos. Esse sentimento alimentado em seu coração e represado em sua alma vasa como um tsunami contra Mordecai e seu povo. As torrentes da maldade, associada à astúcia de Hamã e à conivência covarde de Assuero, impuseram aos judeus um extermínio cruel. Destacamos, aqui, dois pontos:

Em primeiro lugar, *o choro de Mordecai* (4:1,2). "Quando soube Mordecai tudo quanto se havia passado, rasgou as suas vestes, e se cobriu de pano de saco e cinza, e, saindo pela cidade, clamou com grande e amargo clamor; e chegou até à porta do rei; porque ninguém vestido de pano de saco podia entrar pelas portas do rei". Mordecai é um homem sempre por dentro das coisas.[1] Quando soube das cartas reais, levadas pelos correios, aos rincões do império, lavrando a sentença de morte dos judeus, rasgou as suas vestes e se cobriu de pano de saco e cinza. Essa era uma prática comum no Oriente. Os persas da época de Xerxes, em Susã, rasgaram as suas roupas numa tristeza irreconciliável depois de sua derrota em Salamina. Portanto, Mordecai estava se comportando de acordo com os costumes locais, bem como com os costumes judaicos, ao rasgar suas vestes.[2] Com as vestes rasgadas, saiu andando pela cidade e clamando amargamente, em alta voz, rumo à porta do rei. Dali para frente ele não podia mais avançar com esses trajes de humilhação. Quem chora está dizendo que há alguma coisa errada. Quem chora está declarando que não pode se conformar com o caos. O choro é a voz abafada da dor. O choro é o grito silencioso dos oprimidos. O choro é mais eloquente do que torrentes de palavras. Mordecai não encontra outra atitude para expressar sua dor senão através de suas lágrimas.

Em segundo lugar, *o choro do povo judeu nas províncias* (4:3). "Em todas as províncias aonde chegava a palavra do rei e a sua lei, havia entre os judeus grande luto, com jejum, e choro, e lamentação; e muitos se deitavam em pano de saco e cinza". Na medida que os correios reais iam chegando às províncias com a palavra do rei e sua lei, os judeus se entregavam a grande luto, chorando, jejuando e lamentando.

Ester, aparentemente, era a única pessoa, em todo o império persa, que não havia ouvido as notícias. Ela vivia numa bolha de alienação dentro do palácio. A tristeza do povo judeu era uma tristeza comunitária, um lamento nacional, uma dor profunda, e não uma mera formalidade. Outros se deitavam sobre panos de saco e cinza. Era o choro da morte irremediável, do desalento sem consolo, da sentença real que não podia ser revogada. Iain Duguid diz que até mesmo os pagãos de Nínive sabiam como se arrepender adequadamente: quando Jonas pregou entre eles, imediatamente se cobriram com pano de saco e de cinzas, começaram a jejuar e invocar fortemente a Deus (Jn 3:5-8).[3]

É digno de nota que pequenos problemas nos dividem; grandes problemas nos unem. Charles Swindoll diz, com razão, que o sofrimento une as pessoas. O sofrimento as empurra para fora de casa. O sofrimento jamais destruiu uma nação. As dificuldades não dividem as famílias. A riqueza faz isso, mas não o sofrimento. O sofrimento empurra todos para o mesmo nível, com o mesmo objetivo: sobreviver.[4]

O tempo de tomar consciência do problema chegou (4:4-12)

O propósito de Mordecai em parar nas portas do rei era passar essa fatídica informação à rainha Ester. A comunicação entre eles precisava ser através de mediadores. Nessa conjuntura, somente ela poderia interceder pelo povo judeu junto ao rei Assuero. Destacamos, aqui, três pontos importantes:

Em primeiro lugar, *Ester é informada sobre o problema que atingiu Mordecai* (4:4). "Então, vieram as servas de Ester e os eunucos e fizeram-na saber, com o que a rainha muito se doeu; e mandou roupas para vestir a Mordecai e tirar-lhe o pano de saco; porém ele não as aceitou". A tristeza de Mordecai não poderia ser varrida de seu coração usando roupas palacianas. Não adianta mudar os trajes se a dor que pulsa na alma não for tratada. Medidas perfunctórias não resolvem os problemas de uma alma inquieta e desassossegada.

Em segundo lugar, *Ester é informada sobre a causa do problema que aflige Mordecai* (4:5-9). A rainha Ester toma pé da sentença de morte que pesa sobre a sua gente. Assim registra o narrador:

> Então, Ester chamou a Hataque, um dos eunucos do rei, que este lhe dera para a servir, e lhe ordenou que fosse a Mordecai para saber que era aquilo e o seu motivo. Saiu, pois, Hataque à praça da cidade para encontrar-se com Mordecai à porta do rei. Mordecai lhe fez saber tudo quanto lhe tinha sucedido; como também a quantia certa da prata que Hamã prometera pagar aos tesouros do rei pelo aniquilamento dos judeus. Também lhe deu o traslado do decreto escrito que se publicara em Susã para os destruir, para que o mostrasse a Ester e a fizesse saber, a fim de que fosse ter com o rei, e lhe pedisse misericórdia, e,

na sua presença, lhe suplicasse pelo povo dela. Tornou, pois Hataque, e fez saber a Ester as palavras de Mordecai (4:5-9).

Destacamos quatro fatos aqui:

Primeiro, *o motivo* (4:5). Sabendo da recusa de Mordecai, Ester chamou a Hataque, um dos eunucos do rei, dando-lhe ordens para ir a Mordecai e apurar os motivos de seu primo estar na porta do palácio, com as vestes rasgadas e coberto de pano de saco. Joyce Baldwin destaca a total confiabilidade e a integridade de Hataque, o eunuco real, em contraste com a traição de Bigtã e Teres (2:21).[5] Hataque era um homem confiável, um servidor leal. Ester confia plenamente nele.

Segundo, *a explicação* (4:6,7,8a). Hataque, em nome de Ester, saiu à praça da cidade para encontrar-se com Mordecai e apurar as razões de seu luto. Mordecai dá um relatório minucioso do plano genocida tramado por Hamã e sancionado por Assuero, dando especial destaque à persuasão financeira que o perseguidor de seu povo havia oferecido ao rei, ou seja, uma quantia de dez mil talentos de prata, isto é, trezentos e cinquenta toneladas de prata que ele havia prometido pagar aos tesouros do rei pelo extermínio dos judeus. Mordecai informa a Ester, também, sobre o traslado do decreto escrito que fora publicado em Susã para os destruir.

Terceiro, *a súplica* (4:8b). As últimas palavras de Mordecai foram uma ordem para que Ester usasse a sua influência junto ao rei em favor do seu povo. Seu propósito, certamente, é municiar Ester de todas as informações e suplicar a ela para ir, sem detença, ao rei, pedindo a ele misericórdia ao seu povo. Agora não era mais tempo de Ester esconder sua identidade. Essa informação era uma espécie de trunfo, que poderia trazer uma réstia de esperança ao povo judeu. Nas palavras de Iain Duguid, "Ester não deveria fiar-se na sua posição confortavelmente isolada no palácio real. Ela também fazia parte da comunidade judaica e o destino dela estava entrelaçado com o deles. Se eles morressem, ela provavelmente morreria também".[6]

Por fim, *o relatório* (4:9). Hataque, eunuco do rei, em contraste com Bigtã e Teres (2:21), era um homem digno de confiança. Ele é homem discreto e fiel. Após ouvir o minucioso relato de Mordecai, presta relatório fielmente à rainha Ester.

Em terceiro lugar, *Ester comunica a Mordecai suas impossibilidades* (4:10-12). "Então, respondeu Ester a Hataque e mandou-lhe dizer a Mordecai: Todos os servos do rei e o povo das províncias do rei sabem que, para qualquer homem ou mulher que, sem ser chamado, entrar no pátio interior para avistar-se com o rei, não há senão uma sentença, a de morte, salvo se o rei estender para ele o cetro de ouro, para que viva; e eu, nestes trinta dias, não fui chamada para entrar ao rei". Ester vive numa gaiola de ouro. Mesmo sendo a rainha, ela não tem qualquer livre acesso ao rei. O acesso ao rei era estritamente controlado e restrito. Ele só dava audiências mediante convite pessoal, previamente autorizado. Assuero precisava ser blindado de causas menores, inconvenientes ou mesmo protegido de alguma traição dentro do palácio. Ester está de pés e mãos atados diante dessa situação. Humanamente falando, ela não tem como resolver o problema por conta própria. Concordo plenamente com Joyce Baldwin quando diz que o fato de Ester não ter sido chamada aos aposentos do rei "nestes trinta dias" é apenas mais uma indicação de como a vida era anormal, insegura e restritiva no palácio de Susã.[7]

O tempo de assumir responsabilidades chegou (4:13,14)

Quando Mordecai toma conhecimento da tragédia lavrada sobre seu povo, rasga suas vestes, veste-se de pano de saco e se cobre de cinzas, postando-se na porta do palácio. Logo que Ester tomou conhecimento dessa sentença de morte contra seu povo, sentiu-se de mãos amarradas, porque ela só podia ter acesso ao rei se fosse convocada; ademais, a lei dos medos e dos persas não podia ser revogada. Mordecai, porém, alertou-a que omitir-se naquela hora decisiva era lavrar a própria sentença de morte contra o povo judeu e o efeito colateral seria a própria morte da rainha. Mordecai também encorajou Ester a ser a protagonista dessa ação de resgate do povo judeu, dizendo: "[...] e quem sabe se para conjuntura como esta é que foste elevada a rainha?" (Et 4:14). Ester, então, assume a liderança nessa conjuntura, conclama um jejum de três dias e toma a decisão de ir ao encontro do rei, mesmo sabendo que poderia enfrentar a própria morte ao quebrar o protocolo. Sua decisão foi heroica. Ela disse: "[...] eu e minhas servas também jejuaremos. Depois, irei ter com o rei, ainda que seja contra a lei; se perecer, pereci" (Et 4:16).

Os argumentos usados por Mordecai ensejam-nos três conclusões importantes: a primeira é que a própria Ester não ficaria isenta da destruição decorrente do edito; a segunda é que Deus não permitirá a extinção do povo judeu. Se Ester falhar, Deus terá outra maneira pela qual salvar os judeus; a terceira é que Ester pode ter sido levantada como rainha da Pérsia exatamente para esse propósito.[8] Destacamos, aqui, três pontos importantes:

Em primeiro lugar, *a omissão não traz segurança* (4:13). "Então, lhes disse Mordecai que respondessem a Ester:

'Não imagines que, por estares na casa do rei, só tu escaparás entre todos os judeus'". A omissão de Ester naquela hora crítica colocaria em risco fatal não apenas os judeus de todas as províncias, mas, também, sua própria vida, uma vez que era judia. Nas palavras de Timothy Keller, "se Ester se arriscar a perder a palácio, talvez perca tudo, mas, se não se arriscar a perder o palácio, perderá tudo".[9] Mordecai é responsável pelo que lhe cabe, assim como Ester. Cada um tem seu grau de responsabilidade. Ester não podia se acovardar nem transferir sua responsabilidade apelando para a soberania divina, pois ela não anula a responsabilidade humana. Deus não depende de Ester para agir, pois Ele tem recursos ilimitados. Porém, se Ele colocou Ester nessa posição, ela é responsável pelo que lhe compete. Sua segurança e seu futuro não poderiam desencorajá-la a agir.

Em segundo lugar, *a omissão não anula os planos de Deus* (4:14a). "Porque, se de todo te calares agora, de outra parte se levantará para os judeus socorro e livramento, mas tu e a casa de teu pai perecereis [...]". Mordecai traz à lume uma verdade assaz importante. O fracasso dos homens não anula o triunfo de Deus. A omissão dos homens não frustra os planos de Deus. Não somos insubstituíveis. Se não cooperarmos, Deus levantará outros instrumentos. Se falharmos, Deus não ficará de mãos atadas. Ele é poderoso para levantar outras pessoas para fazer cumprir o seu propósito. Quando o missionário norte-americano Ashbel Green Simonton, fundador da Igreja Presbiteriana no Brasil, estava à beira da morte em São Paulo, aos trinta e quatro anos de idade, sua irmã lhe perguntou: "Como ficará a igreja na hora que você partir? Qual será o futuro da igreja?". Ele respondeu: "Deus proverá. Ele levantará outros obreiros para dar continuidade à obra". Os homens passam, mas Deus continua no trono. Os homens são substituíveis, mas Deus continua protegendo o seu povo.

Ester não pode mais retardar em assumir sua identidade. É hora de decidir quem ela é. Como bem escreve Davi Strain: "Por alguns anos, desde que foi ao harém, ela vem vivendo uma vida submersa na cultura persa, com suas raízes judaicas completamente escondidas e obscurecidas. Mas agora ela não pode mais viver assim. Não há como pertencer ao povo de Deus enquanto vivendo como filha do mundo. Não há como ser um cristão secreto e um pagão público. Ester terá de escolher. E nós também".[10]

Em terceiro lugar, *a ação humana pode ser o instrumento da realização do propósito de Deus* (4:14b). "[...] e quem sabe se para conjuntura como esta é que foste elevada a rainha?". Mordecai faz uma leitura correta da providência ao fazer esta pergunta retórica. Deus moveu os acontecimentos na casa real e em todo o império para que Ester ascendesse ao poder, com o propósito de, nessa conjuntura, ser o instrumento para livrar o povo judeu de um extermínio. Mesmo que o nome de Deus não seja mencionado, vemos aqui o seu dedo. Ele é quem tece os fios da história para o cumprimento de seus planos. Deus tudo pode. Seus planos não podem ser frustrados. Concordo com Iain Duguid quando diz que Mordecai está, aqui, argumentando que há um propósito no curso da História. E o próprio Deus é quem fornece esse propósito. Mordecai está dizendo essencialmente o que José disse a seus irmãos: "Porque, para conservação da vida, Deus me enviou adiante de vós" (Gn 45:5). Em cada pensamento de Mordecai, Deus é pressuposto.[11]

O tempo de agir chegou (4:15-17)

Ester não poderia mais viver nas sombras obscuras de dois mundos. Até esse momento, ela vinha vivendo como uma crente secreta. Interiormente, ela ainda se considerava parte da comunidade da aliança, mas exteriormente ela havia se tornado inteiramente separada dela. Chegara a hora de Ester se identificar publicamente com a comunidade da aliança e arriscar sua própria vida numa tentativa de salvar o seu povo.[12] Destacamos, aqui, três pontos importantes:

Em primeiro lugar, *a ação não pode ser um ato isolado* (4:15,16a). "Então, disse Ester que respondessem a Mordecai: 'Vai, ajunta a todos os judeus que se acharem em Susã, e jejuai por mim, e não comais, nem bebais por três dias, nem de noite nem de dia; eu e as minhas servas também jejuaremos'". Ester, mesmo órfã de pai e mãe, mesmo sendo filha do exílio, tinha princípios religiosos importantes. Ela conhecia a importância do jejum. Ela cria que, em resposta ao quebrantamento do povo de Deus, situações irremediáveis podiam ser revertidas. Então, ela faz uma convocação para um jejum coletivo. Não apenas ela e suas servas vão jejuar, mas, também, todos os judeus de Susã precisam estar engajados nesse jejum. Quando o povo de Deus jejua, o braço divino se move. Quando o povo de Deus se humilha, o Senhor o exalta. No livro de Ester esse jejum coletivo dos judeus está em contraste com os banquetes abundantes promovidos pela corte real. Corroboro com o pensamento de Joyce Baldwin quando diz: "O jejum de Ester era semelhantemente uma expressão de tristeza devida à morte prevista e à destruição dos judeus, mas tinha um significado adicional. Afinal de contas, ao procurar uma saída para o dilema, Ester levantava a esperança de um futuro para a comunidade".[13] Ainda hoje

Deus faz coisas extraordinárias quando o seu povo se humilha diante dele com jejuns (Jl 2:12-14). O jejum é uma disciplina espiritual. Jejum é fome de Deus. A Bíblia diz que comemos, bebemos e fazemos tudo para a glória de Deus (1Co 10:31). Portanto, comemos e jejuamos para a sua glória. Então, qual é a diferença entre comer e jejuar? John Piper, no seu livro *Hunger for God* [Fome de Deus], diz que quando comemos, alimentamo-nos do pão da terra, símbolo do pão do céu, mas quando jejuamos, alimentamo-nos não do símbolo, mas do próprio pão do céu. Jejum é fome de Deus!

Em segundo lugar, *a coragem envolve riscos* (4:16b). "[...] depois, irei ter com o rei, ainda que seja contra a lei; se perecer, pereci". Ester não vai ao rei antes de jejuar, mas depois de fazê-lo. Ela entende que o jejum é o instrumento que Deus vai usar para preparar o caminho de acesso ao rei e inclinar o seu coração para ela e seu pleito. A fé confia. A coragem está pronta a correr riscos. É melhor morrer agindo do que viver acovardado. Ester está determinada a mudar a situação sem se importar com as consequências pessoais: "Se perecer, pereci".

Humanamente falando, esse era um ato que equivalia a praticar roleta-russa, pois aqueles que apareciam diante do rei sem serem convidados eram passíveis de execução imediata. Martinho Lutero, no dia 18 de abril de 1521, na Dieta de Worms, ousou tomar uma decisão semelhante ao ser coagido a retratar-se de suas obras. Ele respondeu: "A menos que vocês me convençam pelas Escrituras que eu estou errado, não posso me retratar, pois não é lícito ao homem agir contra sua consciência. Aqui me estabeleço. Aqui me firmo e que Deus me ajude". A coragem de Lutero manteve a chama da Reforma Protestante acesa!

Charles Swindoll destaca o discurso de Winston Churchill na Câmara dos Comuns, no dia 18 de junho de 1940, quando a Inglaterra estava sitiada pelos nazistas. Ele disse:

> Vamos preparar-nos para cumprir nosso dever e portar-nos de forma tal que, se o Império Britânico e a nação durarem mil anos, os homens continuarão dizendo: Esta foi a sua hora mais esplendorosa. A morte e o sofrimento serão os companheiros de nossa jornada, as dificuldades as nossas vestes, a constância o nosso valor e nosso único escudo. Devemos ficar unidos, devemos ser corajosos, devemos ser inflexíveis.[14]

Em terceiro lugar, *a vitória requer participação de todos* (4:17). "Então, se foi Mordecai e tudo fez segundo Ester lhe havia ordenado". Até aqui, Ester é dirigida por Mordecai; daqui para frente é Ester quem assume o protagonismo das ações. Até esse momento, ela obedece seu primo e tutor; daqui para frente é Mordecai quem obedece Ester. Cumprindo ordem de Ester, ele convoca todos os judeus para um jejum de três dias, por uma causa urgente e humanamente irreversível. Eles jejuam esperando e crendo num milagre, e o milagre aconteceu, como veremos.

Concluo este capítulo recorrendo às palavras de Emilio Garofalo: "Ester foi ao palácio sem saber se iria viver ou perecer. Jesus foi ao palácio de Pôncio Pilatos plenamente certo de que iria acabar perecendo. Esse era o plano acordado antes da fundação do mundo entre Pai, Filho e Espírito Santo. Nosso rei corajosamente seguiu em frente".[15]

Notas

1. BALDWIN, Joyce G. *Ester: introdução e comentário*, p. 69.
2. Idem.
3. DUGUID, Iain M. *Ester e Rute*, p. 52.
4. SWINDOLL, Charles R. *Ester*, p. 98,99.
5. BALDWIN, Joyce G. *Ester: introdução e comentário*, p. 69.
6. DUGUID, Iain M. *Ester e Rute*, p. 55.
7. BALDWIN, Joyce G. *Ester: introdução e comentário*, p. 71.
8. WIERSBE, Warren W. *Comentário bíblico expositivo*. Vol. 2, p. 709.
9. KELLER, Timothy. *Como integrar fé e trabalho*, p. 117.
10. STRAIN, David. *Ruth & Esther*, p. 115.
11. DUGUID, Iain M. *Ester e Rute*, p. 56.
12. DUGUID, Iain M. *Ester e Rute*, p. 56,57.
13. BALDWIN, Joyce G. *Ester: introdução e comentário*, p. 73.
14. SWINDOLL, Charles R. *Ester*, p. 104.
15. NETO, Emilio Garofalo. *Ester na casa da Pérsia*, p. 105.

Capítulo 6

Encontrando favor diante do rei

(Ester 5:1-14)

A TENTATIVA DE EXTERMINAR o povo judeu no quinto século antes de Cristo deixa claro que a perversa ação antissemita não ficou esquecida nas brumas do passado. Essa perseguição perdurou ao longo dos séculos e chegou ao seu ponto mais crítico no Holocausto, na Segunda Guerra Mundial (1939-1945), quando Adolf Hitler propôs a solução final para o "problema judeu", exterminando a raça judaica nos campos de concentração, nos paredões de fuzilamento e, sobretudo, nas câmaras de gás. Como diz John Goldingay, "onde Hamã fracassou, Hitler quase logrou êxito".[1]

É óbvio que o antissemitismo não morreu. No dia 7 de outubro de 2023, os terroristas do Hamas atacaram covardemente o território de Israel, em diversos lugares ao mesmo tempo, matando mulheres, crianças, jovens e idosos, e isso com crueldade selvagem, sequestrando ainda mais de três centenas de judeus. A intenção desse grupo terrorista é varrer Israel do mapa e matar os judeus, promovendo um ódio que remonta a séculos de perseguição ao povo judeu, mas que continua presente no cenário global atual.

Ester aceitou o desafio de interceder junto ao rei em favor do povo judeu, a fim de desfazer esse nó górdio, pedir a revogação de uma lei irrevogável, que determinava o extermínio dos judeus. O texto a seguir mostra a destreza e a perspicácia de Ester; sua humildade e dependência de Deus; sua coragem e sabedoria. Ester compreende que para Deus não há impossíveis, pois, conforme diz Charles Swindoll, "rei nenhum jamais intimidou a Deus, por maior que seja seu tesouro, mais extenso o seu reino, ou mais poderoso os seus exércitos. Deus pode lidar com qualquer um".[2]

A rainha se apresenta ao rei (5:1-3)

O grande momento havia chegado. Ester, depois de três dias de jejum, veste suas melhores roupas e se apresenta ao rei para interceder pelo seu povo. Seria recebida ou rejeitada? Acharia graça ou seria escorraçada? Viveria ou pereceria? Vejamos:

Em primeiro lugar, *a hora oportuna* (5:1). "Ao terceiro dia, Ester se aprontou com seus trajes reais e se pôs no pátio interior da casa do rei, defronte da residência do rei; o rei estava assentado no seu trono real fronteiro à porta da residência". É importante ressaltar que Ester está quebrando um protocolo do palácio. Ninguém podia comparecer perante o rei, nem mesmo a rainha, sem ser convidado. Ela, entretanto, está pronta a sofrer quaisquer sanções, mas não a se omitir. O tempo oportuno de agir havia chegado e ela estava pronta!

Em segundo lugar, *o convite estratégico* (5:2). "Quando o rei viu a rainha Ester parada no pátio, alcançou ela favor perante ele; estendeu o rei para Ester o cetro de ouro que tinha na mão; Ester se chegou e tocou a ponta do cetro". Com esse gesto, Ester é acolhida pelo rei e agora ela tem oportunidade de defender sua causa e pedir ao rei em favor dos judeus.

Vemos em todos esses detalhes a evidência eloquente da providência divina. Os fatos ocorrem dentro de uma agenda já estabelecida por Deus. É Deus quem inclina o coração do rei (Pv 21:1). É Deus quem impulsiona Ester a não temer. É Deus quem responde favoravelmente ao jejum dos judeus. É Deus quem vai à frente de Ester abrindo o caminho para que ela lograsse êxito em seu pleito.

Em terceiro lugar, *a oferta generosa* (5:3). "Então, lhe disse o rei: 'Que é o que tens, rainha Ester, ou qual é a tua petição? Até metade do reino se te dará'". O perigo de perecer desvaneceu-se diante de generosa oferta do rei. Ester tem um cheque em branco assinado pelo rei. Ela pode pedir o que desejar, ainda que seja a metade do reino e lhe será dado. Todos os temores cessaram diante da acolhida fidalga e generosa de Assuero. Ester tem não apenas a agenda do rei, mas, também, o coração do rei. Ester, agora, tem plena consciência de que o impossível torna-se factível. Que a maior ameaça torna-se oportunidade. Que as trancas de ferro são abertas pela mão invisível da providência.

A rainha prepara um banquete para o rei (5:4-8)

Ester demonstra sabedoria e habilidade na abordagem. Ela não acusa Hamã de imediato nem apresenta sua causa no primeiro momento. Ela não se precipita, contando ao rei o que aflige seu coração. Não tentou manipular as emoções do rei com suas lágrimas e soluços. De início, ela apenas disse: "Preparei um banquete e gostaria que você e Hamã compartilhasse dele". Concordo com as palavras de Charles Swindoll: "O rei pode governar o reino da Pérsia e Hamã pode assinar decretos com o sinete oficial do monarca, mas é o Senhor quem controla toda a situação".[3] As rédeas da história não estão nas mãos dos poderosos deste mundo. Eles podem até tramar, mas, no fim, é o plano de Deus que prevalece (At 2:23). Destacamos, aqui, três pontos:

Em primeiro lugar, *o convite ao rei e a Hamã* (5:4,5). "Respondeu Ester: 'Se bem te parecer, venha o rei e Hamã, hoje, ao banquete que eu preparei ao rei'. Então, disse o rei: 'Fazei apressar a Hamã, para que atendamos ao que Ester deseja'. Vindo, pois, o rei e Hamã ao banquete que Ester havia preparado". Tendo logrado acesso ao rei, Ester faz o seu pedido. Ela pede a Assuero e a Hamã para comparecerem ao seu banquete preparado para o rei. Prontamente Assuero anuiu ao convite e deu ordens para que Hamã se apressasse para comparecer ao banquete. Ester quer cultivar relacionamento antes de conversar sobre negócios. É como se ela dissesse: "Vamos jantar primeiro, e podemos falar sobre isso mais tarde".[4] Prudência e sabedoria são os primeiros ingredientes no banquete de Ester. Há o tempo certo de falar e o tempo certo de calar-se. Ester não é uma mulher afobada, afoita, destrambelhada. Ela sabe se conter. Sabe dosar as emoções e medir as palavras. Sua estratégia é fruto de seu discernimento; sua postura é resultado de sua sabedoria.

Em segundo lugar, *a pergunta do rei* (5:6). "Disse o rei a Ester, no banquete do vinho: 'Qual é a tua petição? E se te dará. Que desejas? Cumprir-se-á, ainda que seja metade do reino'". Assuero está ansioso para ouvir Ester, para saber qual o pleito de sua rainha amada. Ele antecipa não só sua disposição de ouvi-la, mas, também, de galardoá-la. Sua pergunta já é um sinal eloquente de sua generosa disposição.

Em terceiro lugar, *a sutileza da rainha* (5:7,8). "Então respondeu Ester e disse: 'Minha petição e desejo são o seguinte: se achei favor perante o rei, e se bem parecer ao rei conceder-me a petição e cumprir o meu desejo, venha o rei com Hamã ao banquete que lhes hei de preparar amanhã, e, então, farei segundo o rei me concede'". Ester cria um suspense, pois em vez de fazer imediatamente seu pedido, convida o rei e Hamã para um segundo banquete, que seria servido no dia seguinte. Só então ela colocaria diante do rei o seu pleito. Emilio Garofalo chama a atenção para a prudência de Ester. Jesus já haveria de advertir: "Eis que vos envio como ovelhas para o meio de lobos, sede, portanto, prudentes como as serpentes e símplices como as pombas" (Mt 10:16). A serpente sabe a hora de se esconder e sabe a hora de atacar. Sabe que tem muitos inimigos naturais e que precisa se proteger. E a rainha é uma ovelha no meio de lobos; e a sua esperteza se mostra aqui. Ester mostra uma prudência humilde, confiada na graça do Deus que age.[5]

A rainha dá cordas à vaidade de Hamã (5:9-14)

Hamã é um homem embriagado com seu prestígio. Ele tem o rei na barriga e o poder entronizado no coração. Seu mundo gira ao redor de seu imenso ego. Ao ser convidado pela rainha para um banquete conjugal, sente que sua estrela acabava de chegar numa altura incomparável. Destacamos, aqui, alguns pontos:

Em primeiro lugar, *o êxtase de Hamã* (5:9a). "Então, saiu Hamã, naquele dia, alegre e de bom ânimo [...]". Hamã saiu do banquete de Ester esfuziante, em verdadeiro êxtase de alegria e bom ânimo. Não apenas tinha sido honrado pelo rei acima de todos os príncipes da Pérsia, mas, agora, é o convidado de honra, ao lado do rei, para participar do banquete oferecido pela rainha Ester. Nas palavras de Joyce Baldwin, "Hamã está no topo do mundo".[6] Iain Duguid corrobora: "O que Hamã desejava acima de tudo não era apenas prestígio, mas, ser visto como alguém de prestígio".[7] Mas a alegria do ímpio é passageira. É como neblina, logo se dissipa. Hamã era um ególatra. Era um líder que tinha como única plataforma de governo exaltar-se. Sua vaidade não cabia em seu peito. Precisava transbordar sua fanfarronice para além de si.

Em segundo lugar, *o furor de Hamã* (5:9b,10a). "[...] quando viu, porém, Mordecai à porta do rei e que não se levantara nem se movera diante dele, então, se encheu de furor contra Mordecai. Hamã, porém, se conteve e foi para casa [...]". Uma mosca caiu no unguento de Hamã, uma nota dissonante apareceu na sua música. No meio das honras recebida, o judeu Mordecai recusa-se a levantar-se diante dele. Com o orgulho ferido, não suportando a insubordinação, ele se enche de furor, mas conteve-se em sua fúria e vai para sua casa. O soberbo não tolera concorrência. O altivo de espírito não aceita ser contraditado. O arrogante não suporta ser questionado. As glórias já ocupadas por Hamã não satisfaziam sua alma, pois um único homem em todo o reino não lhe prestava as honras que desejava.

Em terceiro lugar, *a fanfarronice de Hamã* (5:10b-12). O narrador prossegue:

> E mandou vir os seus amigos e a Zeres, sua mulher. Contou-lhes Hamã a glória das suas riquezas e a multidão de seus filhos, e tudo em que o rei o tinha engrandecido, e como o tinha exaltado sobre os príncipes e servos do rei. Disse mais Hamã: "A própria rainha Ester a ninguém fez vir com o rei ao banquete que tinha preparado, senão a mim; e, também, para amanhã estou convidado por ela, juntamente com o rei" (5:10b-12).

Isso é arrogância *ad infinitum* e presunção *ad nausean*.[8]

Em quarto lugar, *a nota dissonante no êxtase de Hamã* (5:13). "Porém tudo isto não me satisfaz, enquanto vir o judeu Mordecai assentado à porta do rei". Hamã depois de descortinar diante dos olhos da esposa e dos amigos suas muitas honras, deixa vazar seu descontentamento com o judeu Mordecai. Sua insubmissão estava tirando o brilho de suas alegrias e não suportava mais ver aquele judeu insolente assentado à porta do rei. Concordo com Emilio Garofalo quando diz que Hamã adora o ídolo do poder. Como idolatria e infelicidade andam juntas, mesmo sendo o segundo homem do império, ainda assim está infeliz porque Mordecai não se prostra diante dele.[9] Emilio Garofalo, ainda citando David Foster Wallace, escreve:

> Se você venera dinheiro e coisas, se é aí que você encontra significado verdadeiro na vida, então você nunca terá o suficiente. É a verdade. Venere seu corpo, beleza e atração sexual, e você sempre vai se sentir feio. E quando o tempo e a idade começarem a aparecer, você vai morrer um milhão de mortes antes de finalmente te enterrarem. Venere o poder, e você vai acabar se sentindo fraco e medroso, e você vai precisar de ainda mais poder sobre os outros para entorpecer o seu próprio

medo. Venere seu intelecto, ser visto como esperto, e você vai acabar se sentindo estúpido, uma fraude, sempre à beira de ser descoberto.[10]

Em quinto lugar, *o conselho insensato a Hamã* (5:14). "Então, lhe disse Zeres, sua mulher, e todos os seus amigos: 'Faça-se uma forca de cinquenta côvados de altura, e, pela manhã, dize ao rei que nele enforquem Mordecai; então, entra alegre com o rei ao banquete'. A sugestão foi bem aceita por Hamã, que mandou levantar a forca". Os bajuladores estão por toda parte. A mulher de Hamã e seus amigos, formando um concílio de conselheiros, em vez ensinarem Hamã a contentar-se com o muito que ele já tinha, colocaram mais pilha em sua vaidade, alimentaram ainda mais o seu ego, acionaram ainda mais os foles para assoprar o seu orgulho. Aconselharam Hamã a fazer uma forca de vinte e dois metros de altura para nela, publicamente, enforcar o judeu Mordecai.

Essa altura exagerada da forca corresponde a um prédio de cinco andares. Aconselharam-no, ainda, a deliberar sobre a morte do opositor no encontro que teria com o rei na manhã do dia seguinte, no segundo banquete de Ester. Concluíram os conselhos, dizendo que ele deveria entrar alegre com o rei no banquete de Ester, sem ser perturbado com a insubordinação de Mordecai. Concordo com Joyce Baldwin quando diz que a conexão entre assassinato, alegria e o prazer de Hamã é ainda mais sinistra do que a forca que ele mandou levantar.[11] Zeres é o retrato de uma mulher insensata, que destruiu sua casa com suas próprias mãos.

Tomo emprestadas as palavras de Iain Duguid, na conclusão deste capítulo, quando diz que a soberania de Deus opera de tal maneira que nossa liberdade e responsabilidade para agir não ficam comprometidas, mas o resultado é exatamente o que Deus planejou desde o início. Ester, Mordecai, Hamã e Assuero não foram compelidos a agir de maneira contrária às suas vontades, mesmo assim fizeram exatamente o que Deus havia planejado. Assim também nós não somos robôs, embora Deus realize seus propósitos em nós e por meio de nós. Foi essa verdade que levou o apóstolo Paulo a escrever: "Porque Deus é quem efetua em vós tanto o querer como o realizar, segundo a sua boa vontade" (Fp 2:13).[12]

Notas

[1] GOLDINGAY, John. *Esdras, Neemias e Ester*, p. 239.
[2] SWINDOLL, Charles R. *Ester*, p. 121.
[3] SWINDOLL, Charles R. *Ester*, p. 124.
[4] GOLDINGAY, John. *Esdras, Neemias e Ester*, p. 240.
[5] NETO, Emilio Garofalo. *Ester na casa da Pérsia*, p. 116.
[6] BALDWIN, Joyce G. *Ester: introdução e comentário*, p. 79.
[7] DUGUID, Iain M. *Ester e Rute*, p. 69.
[8] SWINDOLL, Charles R. *Ester*, p. 128.
[9] NETO, Emilio Garofalo. *Ester na casa da Pérsia*, p. 118,119.
[10] NETO, Emilio Garofalo. *Ester na casa da Pérsia*, p. 120.
[11] BALDWIN, Joyce G. *Ester: introdução e comentário*, p. 80.
[12] DUGUID, Iain M. *Ester e Rute*, p. 73.

Capítulo 7

Quando Deus vira a mesa da história

(Ester 6:1-14)

O NOME DE DEUS está ausente, mas Deus está presente. Ele está oculto, mas não ausente. E Deus está presente para virar a mesa da história. As coisas ficavam piores a cada dia e as trevas mais densas. A sentença de morte de Mordecai estava lavrada. O pai adotivo de Ester estava marcado para morrer. O texto em tela, entrementes, não lida com acaso, mas com providência. Fala de semeadura e colheita. De recompensa, seja para o bem seja para o mal. Nas palavras de Joyce Baldwin, "este é um capítulo de *coincidências* divinas".[1] Podemos afirmar como o apóstolo Paulo: "Sabemos que todas as coisas cooperam para o bem daqueles que amam a Deus, daqueles que são chamados, segundo o seu propósito" (Rm 8:28).

Uma insônia providencial (6:1,2)

Enquanto Hamã estava dormindo, Deus manteve o rei Assuero acordado. Enquanto Hamã estava ocupado em construir uma forca para Mordecai, Deus estava trabalhando para honrá-lo. Três fatos devem ser aqui destacados. Enquanto o rei não dorme, Deus age. A insônia do rei susta o projeto assassino de Hamã e faz cair sobre a cabeça desse malfeitor o que intentara contra Mordecai. Vejamos:

Em primeiro lugar, *a providência na última hora* (6:1a). "Naquela noite o rei não pôde dormir [...]". Naquela noite a cabeça que ostentava a coroa do império não pôde dormir. O sono bateu asas de seu leito. Mas que noite era aquela? Aquela foi a noite em que uma forca fora construída por Hamã para enforcar Mordecai. Aquela era a última noite de Mordecai. Nas palavras de Emílio Garofalo, "Ester e Mordecai nada sabem sobre isso. Eles não sabem que Mordecai está caminhando para o que parece ser seu último dia".[2] O livramento de Deus se deu na última hora. Muitas vezes, Deus age no último instante, na quarta vigília da noite, para provar que Ele é Deus. Charles Swindoll coloca essa realidade assim:

> É assim que Deus age. No último momento, Ele entra e faz o inesperado. Quando ninguém parece notar nem se importar, Ele nota e se importa "naquela noite". Neste momento, Ele move o coração do rei, que repentinamente compreende que deve sua vida e seu trono a esse judeu obscuro chamado Mordecai. Um homem que, até esse instante, nada significava para ele, passa, de repente, a ser a principal prioridade do rei.[3]

Em segundo lugar, *a providência com a pessoa certa* (6:1b). "[...] então, mandou trazer o Livro dos Feitos Memoráveis, e nele se leu diante do rei". Na mesma noite em que Ester ofereceu um banquete a Assuero e a Hamã, a insônia do rei moveu-o a aproveitar a oportunidade para ouvir os relatos registrados no Livro dos Feitos Memoráveis. Por que ele ordenou que lhe trouxessem esse Livro? Por que não outro livro? Por que a leitura caiu exatamente sobre o assunto da conspiração para matar o rei, conspiração essa denunciada por Mordecai? Aqui não há coincidências, mas sim providência.

Em terceiro lugar, *a providência com o expediente certo* (6:2). "Achou-se escrito que Mordecai é quem havia denunciado a Bigtã e a Teres, os dois eunucos do rei, guardas da porta, que tinham procurado matar o rei Assuero". O rei ouviu acerca de um grande e memorável feito praticado pelo judeu Mordecai. Sua vida foi poupada pela denúncia feita por ele. A vida do rei estava ameaçada de morte, mas o plano assassino foi interrompido e os traidores executados. Assuero devia sua vida ao judeu Mordecai. Um senso de gratidão foi despertado em seu coração. Um desejo de recompensá-lo nasceu no coração do rei. As peças do tabuleiro começaram a se mexer favoravelmente a Mordecai.

Uma honra tardia (6:3-5)

Destacamos, aqui, dois pontos importantes:

Em primeiro lugar, *um esquecimento providencial* (6:3). "Então, disse o rei: 'Que honras e distinções se deram a Mordecai por isso?'. 'Nada lhe foi conferido', responderam os servos do rei que o serviam". O grande feito de Mordecai foi providencialmente esquecido, para vir à tona apenas no momento exato, no tempo oportuno de Deus, a fim de que a sentença de morte sobre ele fosse sustada e o maldoso Hamã fosse executado. É digno de nota, conforme destaca Joyce Baldwin, que o rei ter deixado de honrar alguém que havia salvado sua vida era uma séria omissão que precisava sem dúvida ser reparada, e reparada sem tardança.[4]

O Senhor é o Deus da recompensa. A Escritura declara: "Porque Deus não é injusto para ficar esquecido do vosso trabalho e do amor que evidenciastes para com o seu nome, pois servistes e ainda servis aos santos" (Hb 6:10). Charles Swindoll tem razão em dizer: "Quando ninguém mais nota, fique certo, Deus nota. Quando ninguém mais lembra, Deus registra. O salmista nos diz que o Senhor até guarda nossas lágrimas num frasco (Sl 56:8)".[5]

Em segundo lugar, *uma recompensa na hora certa* (6:4,5). "Perguntou o rei: 'Quem está no pátio?'. Ora, Hamã tinha entrado no pátio exterior da casa do rei, para dizer ao rei que se enforcasse a Mordecai na forca que ele, Hamã, tinha preparado. Os servos do rei lhe disseram: 'Hamã está no pátio'. Disse o rei que entrasse". A sede de vingança de Hamã levou-o a madrugar-se no pátio externo da casa do rei. Ele tinha pressa para executar Mordecai. Como Assuero já tinha lhe dado permissão para exterminar todos os judeus, não seria difícil, pensou Hamã, receber autorização para enforcar o judeu insubmisso, que não acatava a ordem real, para prostrar-se diante dele. Quis a providência de Deus que não outro, senão o próprio Hamã, fosse a pessoa interrogada pelo rei, sobre o que se deve fazer ao homem a quem o rei deseja honrar. A imediata convocação de Hamã à presença do rei foi vista a princípio como um privilégio inesperado que dava a entender bons augúrios do seu ponto de vista. Hamã teve ter entrado no palácio com toda a arrogância de um pavão. Porém, essa convocação não era para a sua exaltação, mas para a de seu desafeto. Uma reviravolta de cento e oitenta graus começava a acontecer na vida de Hamã. Ele despencou das alturas da fama às profundezas da humilhação. Em apenas vinte e quatro horas, ele, que planejava matar Mordecai e seu povo, foi enforcado. Sua derrota foi rápida e fragorosa. A soberba precede a ruína.

Uma humilhação inevitável (6:6-11)

Tanto o rei Assuero quanto Hamã passaram aquela noite pensando no mesmo homem — Mordecai. Assuero planejando honrá-lo; Hamã planejando enforcá-lo. Os interesses do rei e de Hamã era conflitantes. Vejamos:

Em primeiro lugar, *o engano do orgulho* (6:6). "Entrou Hamã. O rei lhe disse: 'Que se fará ao homem a quem o rei deseja honrar?'. Então, Hamã disse consigo mesmo: 'De quem se agradaria o rei mais do que de mim para honrá-lo?'". O orgulho leva o indivíduo a pensar de si mesmo mais do que convém (Rm 12:3). O orgulho leva o indivíduo a superestimar seus supostos méritos. Leva-o a colocar o eu na frente dos outros. Hamã, insuflado pelo orgulho, faz uma leitura errada ao projetar-se como a pessoa mais digna de honra em todo o império. Como a soberba é a sala de espera do fracasso e precede a ruína, Hamã, que já havia construído a forca para Mordecai naquela noite, agora, no raiar do dia, constrói imaginariamente um trono para ser honrado. Ele é o homem que fala quanto dinheiro ganha, quantos filhos tem, quão necessário é ao rei e como é importante no império. Quem mais o rei desejaria honrar senão ele? Ah, o orgulho o enganou. Como diz Emílio Garofalo: "No final das contas, Deus é quem diz quem vai ser honrado ou não. Toda a nossa astúcia, os nossos planos, os nossos subterfúgios podem ser facilmente reduzidos ao pó por sua mão soberana".[6]

Em segundo lugar, *a falta de modéstia do orgulho* (6:7-9). A falta de modéstia do orgulho pode ser observada do texto em tela:

> E respondeu ao rei: "Quanto ao homem a quem agrada ao rei honrá-lo, tragam-se as vestes reais, que o rei costuma usar, e o cavalo em que o rei costuma andar montado, e tenha na cabeça a coroa real; entreguem-se as vestes e o cavalo às mãos dos mais nobres príncipes do rei, e vistam delas aquele a quem o rei deseja honrar; levem-no a cavalo pela praça da cidade e diante dele apregoem: 'Assim se faz ao homem a quem o rei deseja honrar'" (6:7-9).

Iain Duguid diz que, ao pedir conselho, o rei omitiu uma informação crucial acerca de quem deveria ser honrado, assim como o próprio Hamã, no capítulo 3, havia deixado de mencionar uma parte crucial da informação acerca da identidade do povo a ser destruído. No entanto, Hamã não demorou a preencher mentalmente a lacuna — com o seu próprio nome.[7] Hamã, pensando ser o homem a quem agrada ao rei honrar, subiu a régua à altura máxima, e desejou ser o rei por um dia, usando as vestes, a coroa e os cavalos reais, recebendo as glórias só destinadas ao rei. Nas palavras de Iain Duguid, "Hamã não queria riqueza ou poder, porque já tinha ambos em abundância. Tudo o que ele queria era ser tratado em público como o rei".[8] Porém, por ironia, ele estava elevando o nível da honra para o homem a quem ele pretendia enforcar naquele dia. Sua falta de modéstia foi o seu próprio cadafalso.

Em terceiro lugar, *a perplexidade do orgulho* (6:10). "Então, disse o rei a Hamã: 'Apressa-te, toma as vestes e o cavalo, como disseste, e faz assim para com o judeu Mordecai, que está assentado à porta do rei; e não omitas coisa nenhuma de tudo quanto disseste'". Hamã sofre um banque incalculável. Está atordoado. O seu dia de sonho transforma-se no seu mais terrível pesadelo. Houve uma reviravolta no jogo e a balança passou a pender para o outro lado. O narrador bíblico sequer descreve sua reação. Deve estar petrificado. A ordem do rei é urgente e peremptória. Não cabe questionamento nem protelação.

Um antissemita até o último fio de cabelo precisa honrar Mordecai, o homem a quem planejava matar. Aqui vemos uma virada de mesa. Hamã prestando honras ao humilde judeu, que se recusou a honrá-lo. A soberba é, de fato, a antessala do fracasso, enquanto a humildade é o portal da honra. É de bom alvitre relembrar o cântico de Ana: "[Deus] Levanta o pobre do pó e, desde o monturo, exalta o necessitado, para o fazer assentar-se entre príncipes, para o fazer herdar o trono de glória; porque do Senhor são os alicerces da terra" (1Sm 2:8).

Em quarto lugar, *a humilhação do orgulho* (6:11). "Hamã tomou as vestes e o cavalo, vestiu Mordecai e o levou a cavalo pela praça da cidade, e apregoou diante dele: 'Assim se faz ao homem a quem o rei deseja honrar'". Hamã, que tinha o rei na barriga, precisa agora honrar, por ordem do rei, o seu maior desafeto. O homem orgulhoso e maldoso passa por uma humilhação pública. Sendo ele elevado pelo rei acima de todos os príncipes, está agora desfilando com Mordecai pela praça da cidade, dizendo ao povo que aquele é o homem a quem o rei deseja honrar. Concordo com Joyce Baldwin quando diz: "Aos olhos da população, Hamã já estava aniquilado".[9] O texto, ao mesmo tempo que destaca a humilhação de Hamã, ressalta a humildade de Mordecai. O narrador não registra nenhuma palavra de Mordecai para espicaçar Hamã. Toda aquela honra não mexeu com o coração de Mordecai, pois ao término da jornada de glória, voltou para a porta do rei, como costumava fazer.

Uma humildade inabalável (6:12)

Está escrito: "Depois disto, Mordecai voltou para a porta do rei; porém Hamã se retirou correndo para casa, angustiado e de cabeça coberta". Mordecai não foi picado pela mosca azul da soberba. Ele não termina essa jornada de honra requerendo um lugar especial no palácio. Ele volta para o mesmo lugar de sempre, a porta do rei. Charles Swindoll destaca o silêncio de Mordecai como um sinal da sua humildade. Como são raras as pessoas que podem ser promovidas a uma posição de importância sem se autopromover, ou ansiar pela luz dos holofotes, ou exigir o centro do palco.[10] Porém Hamã se retira da cena às pressas, correndo, angustiado e com a cabeça coberta. Hamã está devastado. Seu castelo de areia ruiu. Seu projeto de extermínio do povo judeu está entrando em colapso. Seu orgulho foi golpeado de morte.

Uma queda iminente (6:13)

O narrador bíblico registra: "Contou Hamã a Zeres, sua mulher, e a todos os seus amigos tudo quanto lhe tinha sucedido. Então, os seus sábios e Zeres, sua mulher, lhe disseram: 'Se Mordecai, perante o qual já começaste a cair, é da descendência dos judeus, não prevalecerás contra ele; antes, certamente, cairás diante dele'" (6:13). A mesma mulher que lhe aconselhou fazer uma forca para Mordecai, agora esvazia o coração de seu marido de qualquer possibilidade de triunfo sobre Mordecai e seu povo. Os sábios que acompanharam a Zeres na construção da forca também a acompanham no diagnóstico sombrio da iminente queda de Hamã. O antissemita estava lutando contra o próprio Deus que disse a Abraão: "De ti farei uma grande nação, e te abençoarei, e te engrandecerei o nome. Sê tu uma bênção; abençoarei os que te abençoarem, e amaldiçoarei os que te amaldiçoarem" (Gn 12:1-3).

Um baquete fatal (6:14)

Está escrito: "Falavam estes ainda com ele quando chegaram os eunucos do rei e apressadamente levaram Hamã ao banquete que Ester preparara". Hamã está sem clima para ir ao banquete. É um homem atordoado. A mesa virou. O placar do jogou mudou completamente. Mas a rainha não convida; convoca. Hamã não vai: é levado escoltado pelos eunucos. Esse banquete não era o banquete da honra de Hamã, mas o cenário final de sua queda.

O narrador carrega as tintas ao enfatizar neste capítulo a providência de Deus. A mão invisível da providência está por trás dos acontecimentos. O Senhor não se impressiona com poder, prestígio ou riqueza. Ele pode abater o soberbo de uma hora para outra. Ele pode mudar o placar do jogo numa única noite. Ele pode virar a mesa num instante. Por outro lado, o cenário mais deprimente pode ser o começo de um grande livramento. A forca erguida para matar Mordecai foi o instrumento para varrer do mapa esse maldoso Hamã.

Mordecai é um símbolo de Jesus. Ele se humilhou e foi exaltado. Hamã é um símbolo do ímpio que, ao exaltar-se, é humilhado. Hamã representa aqueles que terão que se curvar diante de Jesus e confessar que ele é o Senhor (Fp 2:9-11).

Às vezes, o que a princípio parece uma tragédia pode ser a porta de entrada do socorro. Charles Swindoll conta a história de um homem que naufragou e foi parar numa ilha desabitada. Ele construiu laboriosamente uma pequena cabana para proteger-se do mau tempo e guardar os poucos objetos que salvara do naufrágio. Durante semanas, viveu ali sozinho, tendo apenas como companhia o sol quente do dia, as noites frias e as tempestades tropicais. Em oração, ficava olhando atentamente o horizonte para ver se divisava algum navio; mas, nada. Certa noite, quando voltava de buscar alimento, ficou aterrorizado ao encontrar a pequena cabana em chamas. Ficou ali em pé, incapaz de apagar o fogo, sentindo-se esmagado pelo desastre. Seus poucos pertences tinham virado fumaça. Dormiu naquela noite perto das cinzas, ouvindo as ondas baterem na areia e o desespero apertando seu coração. Na manhã seguinte, bem cedo, ele acordou e viu um navio ancorado junto à ilha — o primeiro que avistara durante todas aquelas semanas em que sondara o horizonte na esperança de ser resgatado. Ainda sem acreditar em seus olhos, ele ouviu passos e depois a voz do capitão: "Vimos o seu sinal de fumaça e viemos buscá-lo".[11]

Notas

[1] BALDWIN, Joyce G. *Ester: introdução e comentário*, p. 80.
[2] NETO, Emilio Garofalo. *Ester na casa da Pérsia*, p. 129.
[3] SWINDOLL, Charles R. *Ester*, p. 137.

[4] BALDWIN, Joyce G. *Ester: introdução e comentário*, p. 80.
[5] SWINDOLL, Charles R. *Ester*, p. 138.
[6] NETO, Emilio Garofalo. *Ester na casa da Pérsia*, p. 134,
[7] DUGUID, Iain M. *Ester e Rute*, p. 80.
[8] DUGUID, Iain M. *Ester e Rute*, p. 81.
[9] BALDWIN, Joyce G. *Ester: introdução e comentário*, p. 81.
[10] SWINDOLL, Charles R. *Ester*, p. 141.
[11] SWINDOLL, Charles R. *Ester*, p. 144,145.

Capítulo 8

Quando as máscaras caem

(Ester 7:1-10)

BASTOU UM DIA PARA Hamã despencar do topo da pirâmide para o abismo. Sendo ele o homem mais forte no governo de Assuero, sofreu humilhante e acachapante derrota. Seu intento de exterminar os judeus e enforcar Mordecai virou contra ele mesmo. Como diz o adágio popular: "O feitiço virou contra o feiticeiro".

A máscara de Hamã é arrancada. Sua altivez e maldade são demonstradas. Ele foi desnudado como um homem vil, vingativo e violento. Sua verdadeira face foi demonstrada, para seu desespero. Esse é o problema das máscaras. Podem cair nas horas menos apropriadas. Vou ilustrar: um homem se formara em direito e abriu seu escritório. Todos os dias ele colocava seu terno bem alinhado, seus sapatos bem engraxados, sua pasta repleta de papéis e rumava para o escritório. Ele só tinha um problema. Não tinha sequer um cliente. Certo dia, ao vir chegando à sua porta o primeiro cliente potencial, pegou o telefone e começou a entabular uma animada conversa, como se estivesse tratando de um grande negócio. Queria demonstrar que era um advogado bem-sucedido. Seu cliente estava de pé ouvindo sua conversa tão animada. Ao concluir a ligação, disse ao homem que estava perplexo à sua frente: "Estou ao seu dispor". O homem respondeu: "Eu sou funcionário da telefônica e vim ligar o seu telefone, pois ainda não está ligado". É, as máscaras caem!

O texto em tela enseja-nos três pontos importantes: o pedido da rainha Ester (7:1-4), a reação do rei Assuero (7:5-8) e a condenação de Hamã (7:9,10).

O pedido da rainha Ester (7:1-4)

Iain Duguid destaca que a rainha Ester também tinha um segredo oculto e profundo — sua descendência judaica, que ela estava mantendo acobertada desde que havia sido levada ao harém real pela primeira vez. Ela havia seguido o conselho de Mordecai para esconder sua etnia tão fielmente que, mesmo quando elevada à posição de rainha, cinco anos depois, ninguém sabia qual era o povo a que ela pertencia ou da sua ligação com Mordecai, que era conhecido por todos como judeu.[1] Destacamos, aqui, cinco pontos importantes:

Em primeiro lugar, *a pergunta do rei* (7:1,2). "Veio, pois, o rei com Hamã, para beber com a rainha Ester. No segundo dia, durante o banquete do vinho, disse o rei a Ester: 'Qual é a tua petição, rainha Ester? E se te dará. Que desejas? Cumprir-se-á ainda que seja metade do reino'". Esse é o sétimo banquete registrado no livro de Ester. A rainha deixou o rei em suspenso, pois postergou a revelação do seu pedido até este segundo banquete. A curiosidade do rei já estava aguçada. Ester habilidosamente está lidando com as emoções do rei. Então, Assuero repete a mesma pergunta que fizera a ela pela terceira vez.

Em segundo lugar, *a diplomacia de Ester* (7:3a). "Então, respondeu a rainha Ester e disse: 'Se perante ti, achei favor, e se bem parecer ao rei [...]'". Ester se humilha diante do rei, exalta-o e se submete à sua soberania. Ela ganha sua atenção e seu coração. Ela não se insurge contra a autoridade do rei como fizera Vasti. Ela não chega exigindo nada. Ao contrário, demonstra sábia diplomacia antes de apresentar seu pleito. Iain Duguid interpreta corretamente quando diz: "Se Ester achar favor aos olhos do rei, então um ataque a ela também seria um ataque ao próprio rei".[2] A humildade cabe em qualquer lugar. Abre portas. Constrange corações. Pavimenta o caminho do sucesso.

Em terceiro lugar, *a súplica de Ester* (7:3b). "[...] dê-se-me por minha petição a minha vida, e, pelo meu desejo, a vida do meu povo". Ester tem uma petição: salvar sua vida; e tem um desejo: salvar a vida do seu povo. Por providência divina, e conselho de Mordecai, ela não tinha ainda revelado ao rei sua identidade racial. Nem o rei nem Hamã sabiam que a rainha Ester era judia. De acordo com o decreto de Assuero por instigação de Hamã, a sentença de extermínio dos judeus já estava lavrada. O genocídio do povo judeu chegaria até ela e a morte arrancaria dos braços do rei a sua mulher, a rainha da Pérsia. Nas palavras de Warren Wiersbe, "sem acusá-lo, explicitamente, Ester havia envolvido o rei num crime terrível, e, por certo, ele se sentiu culpado. O rei sabia que aprovara aquele decreto de modo impensado. Porém, não percebeu que aquilo fazia parte de uma conspiração. Assinara a ordem de execução da própria esposa. O rei deveria encontrar um modo de salvar, ao mesmo tempo, a esposa e a honra".[3] Iain Duguid corrobora, dizendo:

> Depois das usuais cortesias ("se perante ti, ó rei, achei favor, e se bem parecer ao rei"), ela pediu por um duplo favor para combinar com a dupla oferta do rei. O que ela queria como presente era que fosse poupada a vida dela e do seu povo. Nesse ponto, Ester saiu do armário o suficiente para ligar o seu próprio destino ao destino do seu povo. Se eles fossem destruídos, ela seria destruída. Se eles fossem poupados, ela seria poupada.[4]

Em quarto lugar, *a justificativa de Ester* (7:4a). "Porque fomos vendidos, eu e o meu povo, para nos destruírem, matarem e aniquilarem de vez [...]". Ao revelar sua identidade racial, Ester, sabiamente, carrega as tintas ao citar com literalidade o conteúdo da sentença de morte aos judeus (3:13), porém, alivia a mão e não faz qualquer censura ao rei. Em vez de apontar o dedo para Assuero e culpá-lo pelo decreto genocida, deixa nas entrelinhas que alguém induziu o rei a essa barbárie. Ester, com aguçado discernimento, justifica que a intenção de exterminar os judeus, era também, e sobretudo, a de saquear suas riquezas. Os judeus foram vendidos. O lucro estava na base do decreto de extermínio. O decreto prometia beneficiar o tesouro real no montante de trezentos e cinquenta mil quilos de prata, ou seja, dez mil talentos, valor correspondente a meio ano de impostos para o império.

Em quinto lugar, *a fundamentação do argumento de Ester* (7:4b). "[...] se ainda como servos e como servas nos tivessem vendido, calar-me-ia, porque o inimigo não merece que eu moleste o rei". Ester denuncia uma mão oculta nessa sanha sangrenta, a quem chama de inimigo; e isenta completamente o rei de responsabilidade pelo intento maligno. Como os judeus eram um povo exilado, a rainha declara que se o seu povo fosse vendido como escravo, aceitaria o destino, sem incomodar o rei, porém o decreto tinha como propósito o saque e o extermínio de todo o seu povo. Ester sabia que não havia direito constitucional à vida e à liberdade no império persa. Por isso ela irrevogavelmente se coloca ao lado do seu povo, arriscando sua própria vida, entendendo que por ser mulher do rei o placar do jogo poderia ser mudado.

A reação do rei Assuero (7:5-8)

Depois de jejuar três dias e ver os sinais do favor de Deus no acolhimento do rei, Ester com invulgar sabedoria e sensibilidade apresenta sua causa urgente a Assuero. Vejamos:

Em primeiro lugar, *a dupla pergunta do rei* (7:5). "Então, falou o rei Assuero e disse à rainha Ester: 'Quem é esse e onde está esse cujo coração o instigou a fazer assim?'". O rei Assuero faz uma dupla pergunta diagnóstica: quem e onde? Ele quer saber quem maquinou esse plano e onde esse indivíduo está. Hamã deve ter ficado atordoado, pois não imaginava que Ester era judia. Não podia imaginar que estava tramando a morte da própria rainha. O próprio Assuero deve ter ficado aturdido, pois também é responsável pelo edito que autorizou o extermínio dos judeus. Ambos, Hamã e Assuero, são surpreendidos com a informação de que Ester, a rainha da Pérsia, é judia.

Em segundo lugar, *a acusação de Ester* (7:6a). "Respondeu Ester: 'O adversário e inimigo é este mau Hamã [...]'". Ele estava encurralado. O que Hamã tramou contra os judeus, envolvendo o próprio rei, agora se volta contra ele, pois por sagacidade não mencionou o povo a ser eliminado, e por incúria de Assuero ele assinou o decreto sem saber quem era o povo que seria exterminado. Ester usa três palavras pesadas numa mesma sentença para acusar Hamã: adversário, inimigo e mau. Ele é adversário e inimigo quanto a seus atos e mau quanto ao seu caráter. Além de soberbo, Hamã é adversário, inimigo e mau. É um homem sem escrúpulos e vingativo. Seu coração é perverso. Suas ações são malignas. Suas intenções são devastadoras. Seu caráter e suas obras foram desmascarados. A rainha Ester montou o cenário e trouxe o vilão para dentro dele para arrancar sua máscara e expô-lo diante do rei.

Em terceiro lugar, *a perturbação de Hamã* (7:6b). "[...] então, Hamã se perturbou perante o rei e a rainha". Ele ficou assustado, chocado e em silêncio sepulcral diante dessa reviravolta nos acontecimentos.[5] Todo o mal que intentou contra os judeus cai sobre a sua cabeça. A seta venenosa que atirou contra os judeus volta para cravejar seu coração. Hamã está diante do rei que manipulou e da rainha que deveria morrer pelas suas maquinações. O narrador não poderia usar outra palavra melhor para descrever o seu estado de choque. Hamã está perturbado diante do rei e da rainha, preso pelas próprias cordas de seu pecado.

Joyce Baldwin diz que a compreensão de que, inadvertidamente, ele ameaçara a vida da rainha era um golpe mortal sobre a sua humilhação anterior.[6] O declínio de Hamã foi meteórico. Num dia se sente o mais exaltado dos homens, no dia seguinte, o mais arrasado deles. Sua glória extingui-se. Seu triunfo tornou-se em derrota fatídica. Só lhe resta perturbação emocional e a certeza de que a morte que planejou para os judeus é sua única companheira.

Em quarto lugar, *a fúria do rei* (7:7a). "O rei, no seu furor, se levantou do banquete do vinho e passou para o jardim do palácio [...]". Salomão escreveu que "como o bramido do leão, assim é a indignação do rei" (Pv 19:12). Assuero deve ter percebido que não apenas Ester tinha sido vítima de uma trama, mas ele também foi alvo das maquinações de Hamã. O rei estava encurralado. Foi ele quem promoveu Hamã. Foi ele quem atendeu o seu pedido para exterminar um povo. Foi ele quem deu carta branca para que agisse. Agora, descobre que esse homem, que era o maioral em seu reino, está tramando bem debaixo de seu nariz para matar sua mulher e exterminar o seu povo. Assuero precisa de ar fresco para arejar a cabeça. Ele também está encrencado nessa trama de morte.

Nessa mesma linha de pensamento, Iain Duguid escreve: "O que mais provavelmente incomodava Assuero era a questão da sua própria reputação. O edito de Hamã havia sido autorizado pelo rei e ratificado pelo selo real. Como poderia ele agora, sem parecer fraco, punir Hamã por promulgar um decreto que ele havia pessoalmente aprovado? Era um dilema complicado".[7]

Em quinto lugar, *a súplica de Hamã* (7:7b). "[...] Hamã, porém, ficou para rogar por sua vida à rainha Ester, pois viu que o mal contra ele já estava determinado pelo rei". Tendo calculado que não tinha chance de obter misericórdia da parte do rei, Hamã decidiu rogar por sua vida a uma pessoa cuja vida ele ameaçara, e de um membro da raça judaica, de que ele havia escarnecido.[8] O destino de Hamã mudou em apenas quarenta e oito horas. Despencou das alturas excelsas da riqueza, do poder e da fama para o abismo da condenação e da morte. Ester estava empenhada em salvar sua vida e a vida de seu povo, e não em defender o carrasco de sua gente. O mal sobre Hamã é inevitável. Ele está colhendo o que plantou. Ele está bebendo o veneno de sua própria malignidade. Está recebendo o salário de seus próprios investimentos e colhendo os frutos amargos de sua semeadura insensata.

Em sexto lugar, *a constatação do rei* (7:8). "Tornando o rei do jardim do palácio à casa do banquete do vinho, Hamã tinha caído sobre o divã em que se achava Ester. Então, disse o rei: 'Acaso, teria ele querido forçar a rainha perante mim, na minha casa?'. Tendo o rei dito estas palavras, cobriram o rosto de Hamã". A etiqueta em relação ao harém era tão intransigente que teria sido difícil Hamã conversar com a rainha sem causar ofensa. Ao se aproximar dela, enquanto ela permanecia reclinada em seu divã, como era costume nos banquetes persas, Hamã estava indo longe demais, e tendo caído sobre o divã, ele selou a sua execução.[9]

Nas palavras de Iain Duguid,

> Assuero descobriu que Hamã havia claramente resolvido o problema para ele. [...] A queda de Hamã no divã de Ester deu ao rei exatamente aquilo de que ele precisava — a desculpa para eliminar Hamã sem causar nenhum constrangimento público referente ao edito".[10]

Hamã caiu diante de Ester, praticamente cumprindo a predição de sua mulher de que ele certamente cairia em desgraça diante da descendência dos judeus (6:13).

O narrador registra que no auge de sua perturbação Hamã se lança no divã da rainha Ester, onde estava deitada, para suplicar por sua vida. O rei chega nesse exato momento e conclui que Hamã estava tentando molestar sexualmente a rainha, num ato imoral contra ela, diante de seus próprios olhos, na sua própria casa. Essa atitude foi a gota que fez transbordar o cálice da condenação de Hamã. Esse era um delito imperdoável. Era uma afronta à dignidade do rei. O rei fora ultrajado. Os circunstantes, ao verem a cena, concluíram que a morte de Hamã estava selada, e, por isso, cobriram o seu rosto.

A condenação de Hamã (7:9-10)

Deus reverteu a situação. A trama de Hamã caiu sobre sua própria cabeça. Os judeus que deveriam ser mortos foram poupados, e o homem que tramou a morte deles pereceu. A forca que Hamã construiu para matar Mordecai tornou-se o seu próprio patíbulo de morte. Ele intentou saquear os judeus, mas foram os bens de sua casa que foram transferidos para Ester, uma judia. Hamã, sendo amante do prestígio, teve que conduzir Mordecai, em alta honraria, pelas ruas de Susã. O lugar de honra que Hamã ocupava foi dado a Mordecai, enquanto Hamã foi enforcado e sua família caiu em opróbrio. Os judeus que deveriam ser exterminados por todo o império lutaram e venceram. O livro que começou com os banquetes de reis e rainhas termina com a festa de Purim, a festa do povo da aliança, celebrando a vitória de Deus.

Uma reviravolta completa ocorreu. Hamã, o celebrado líder do reino persa, está arruinado, cumprindo o que diz a Escritura: "O justo é libertado da angústia, e o perverso a recebe em seu lugar" (Pv 11:8). Ainda a Palavra de Deus declara: "Segundo eu tenho visto, os que lavram a iniquidade e semeiam o mal, isso mesmo eles segam" (Jó 4:8). Destacamos, aqui, três pontos importantes:

Em primeiro lugar, *a informação do eunuco* (7:9a). "Então, disse Herbona, um dos eunucos que serviam ao rei: 'Eis que existe junto à casa de Hamã a forca de cinquenta côvados de altura que ele preparou para Mordecai, que falara em defesa do rei [...]". O pano de fundo desta passagem deixa transparecer que Hamã era *persona non grata* no palácio. Sua hostilidade contra Mordecai, o homem que salvara a vida do rei, era conhecida nos bastidores do palácio. Até mesmo a forca que erguera na noite anterior para enforcar Mordecai já era do conhecimento de Herbona, eunuco do rei. Essa informação tinha como propósito apontar ao rei a forma e o lugar da execução de Hamã.

Em segundo lugar, *a sentença do rei* (7:9b). "[...] então, disse o rei: 'Enforcai-o nela'". Aqui, como diz o adágio popular, "o feitiço virou contra o feiticeiro". O mal que ele intentou contra Mordecai caiu sobre a sua cabeça. O veneno que ele destilou contra o homem que salvou a vida do rei é sorvido por ele até a última gota. Ele colheu o que plantou. Recebeu o salário de seu pecado, a morte. Aqui vemos a retribuição da justiça divina. Está escrito: "Não vos enganeis: de Deus não se zomba; pois aquilo que o homem semear, isso também ceifará" (Gl 6:7).

Em terceiro lugar, *a execução de Hamã* (7:10). "Enforcaram, pois, Hamã na forca que ele tinha preparado para Mordecai. Então, o furor do rei se aplacou". Hamã morre enforcado na estaca que levantou para Mordecai. Ele ergueu a forca a uma altura descomunal para tornar pública a morte de seu desafeto, e ele mesmo foi dependurado nessa forca. Bastaram vinte e quatro horas para uma completa reviravolta dos acontecimentos. Deus já havia dito em sua palavra que as pessoas que derramassem sangue descobririam o seu próprio sangue sendo derramado (Gn 9:6).

Iain Duguid capta bem a expressão da verdade quando escreve: "Aquele que queria matar os judeus por não se quedar diante dele, no final, foi executado sob a acusação de se quedar inapropriadamente diante de uma judia. Essa foi a mais cruel de todas as ironias".[11] Uma vez executada a sentença contra o malfeitor, a ira do rei se aplacou!

Concordo com Iain Duguid quando diz que o povo judeu foi poupado da morte não porque a rainha Ester foi esperta, mas por causa da aliança que Deus fez a Abraão e à sua descendência. Em Gênesis 12, Deus declarou que aqueles que abençoassem Abraão e sua descendência seriam abençoados, enquanto aqueles que os amaldiçoassem seriam amaldiçoados. Hamã não estava simplesmente combatendo os judeus, mas o Deus deles.[12]

John Goldingay fala sobre Frederico, o Grande, rei prussiano do século 18, que pediu a um membro de sua corte uma prova cabal da existência de Deus. A resposta foi: "A existência dos judeus". A sobrevivência desse povo, contra todas as probabilidades, não pode ser explicada, exceto com base no envolvimento de Deus com eles.[13] David Strain, aplicando a passagem em apreço, é assaz oportuno ao dizer:

> Há um eco aqui claro e forte do evangelho de Jesus Cristo. Mas a verdade é que o evangelho é muito mais doce. Ester assegura apenas um livramento temporal da tirania injusta de um monarca terreno. Jesus assegura salvação eterna do justo e santo julgamento do Deus Todo-poderoso. Ester está com o seu povo e intercede em favor dele. Jesus está com o seu povo e morre em seu lugar. Ester deve persuadir o rei a poupar os judeus. Mas em Jesus, o Deus cuja lei nos condena, leva sobre si a penalidade e assegura nosso perdão.[14]

Notas

1. DUGUID, Iain M. *Ester e Rute*, p. 89.
2. DUGUID, Iain M. *Ester e Rute*, p. 92.
3. WIERSBE, Warren W. *Comentário bíblico expositivo*. Vol. 2, p. 723.
4. DUGUID, Iain M. *Ester e Rute*, p. 91.
5. DUGUID, Iain M. *Ester e Rute*, p. 93.
6. BALDWIN, Joyce G. *Ester: introdução e comentário*, p. 84.
7. DUGUID, Iain M. *Ester e Rute*, p. 93.
8. BALDWIN, Joyce G. *Ester: introdução e comentário*, p. 84.
9. BALDWIN, Joyce. G. *Ester: introdução e comentário*, p. 84.
10. DUGUID, Iain M. *Ester e Rute*, p. 93,94.
11. DUGUID, Iain M. *Ester e Rute*, p. 94.
12. DUGUID, Iain M. *Ester e Rute*, p. 96.
13. GOLDINGAY, John. *Esdras, Neemias e Ester*, p. 247,248
14. STRAIN, David. *Ruth & Esther*, p. 142.

Capítulo 9

Uma virada de mesa

(Ester 8:1-17)

Hamá está morto, mas o edito para matar os judeus ainda está de pé e bem vivo. Nas palavras de Iain Duguid, "o vilão Hamá recebeu sua merecida punição — literalmente, com a ajuda de sua própria estaca de vinte e três metros. Ester e Mordecai também receberam sua recompensa, na forma da propriedade confiscada de Hamá e numa promoção para Mordecai, porém, o edito de Hamá para exterminar os judeus ainda não havia sido revogado: ele ainda pairava sobre a cabeça deles como a proverbial espada de Dâmocles".[1]

Uma reviravolta importante (8:1,2)

Dois pontos são dignos de destaque. Vejamos:

Em primeiro lugar, *Ester herda a casa de Hamã* (8:1). "Naquele mesmo dia, deu o rei Assuero à rainha Ester a casa de Hamã, inimigo dos judeus; e Mordecai veio perante o rei, porque Ester lhe fez saber que era seu parente". A maré muda completamente. Deus vira a mesa da história e faz uma reviravolta geral nos acontecimentos. Hamá havia vendido os judeus para exterminá-los, porém é sua vida que é ceifada e suas valorosas propriedades e riquezas que são transferidas para Ester. Mordecai, que deveria ser executado, é honrado; e Hamã, que trama contra os judeus, é dependurado na própria forca que construíra para matar Mordecai.

No mundo dos esportes é bem conhecida a expressão "o jogo só acaba quando termina". E o jogo aqui parecia estar rumando para o fim, com o povo judeu sofrendo uma derrota acachapante, mas veja a inversão! Emílio Garofalo chama essa inversão de "eucatástrofe", ou seja, uma boa catástrofe, que faz com que as coisas terminem bem. É uma reversão súbita de eventos que muda tudo.[2] Aqueles que estavam sentenciados de morte são honrados e aqueles que impunham terror sofrem humilhante derrota.

As propriedades de Hamã são transferidas para Ester. Como bem lembra Charles Swindoll, "os bens dos criminosos condenados revertiam à coroa. Neste caso, as propriedades de Hamã, um criminoso condenado, não passaram para o rei; Assuero as entrega a Ester, a título de compensação e como sinal de boa vontade, que, por sua vez, as dá a Mordecai para administrar, pois a essa altura já contara ao rei o seu parentesco com ele".[3] Adolpho Wasserman diz, com razão, que tendo recebido essa propriedade de Hamã como um presente do rei, Ester não podia transferi-la para Mordecai. Assim ela o apontou como administrador.[4]

Em segundo lugar, *Mordecai assume o lugar de Hamã* (8:2). "Tirou o rei o seu anel, que tinha tomado a Hamã, e o deu a Mordecai. E Ester pôs a Mordecai por superintendente da casa de Hamã". Quando Hamã foi deposto, o rei tomou de volta o anel real (3:10), a insígnia de autoridade do trono (8:8,10; 3:12), e o entregou a Mordecai, nomeando-o seu primeiro-ministro.[5] Mordecai recebe dupla honra: ocupa o lugar de Hamã e é constituído por Ester como superintendente da casa de Hamã. Sua investidura como primeiro-ministro e executivo do rei é uma virada de mesa. É uma mudança radical nos acontecimentos. Aqueles que estavam no topo da pirâmide despencam para o abismo, e aqueles que estavam prostrados com pano de saco e cinza ascendem ao topo.

Joyce Baldwin tem razão em dizer que a concessão do anel de sinete transmitia autoridade legal para agir em nome do rei (3:30). Assim, a queda de Hamã fora totalmente equilibrada pela elevação da pessoa a quem ele procurara arruinar e destruir.[6] Emilio Garofalo faz uma comparação entre Mordecai e Jesus e diz: "Se é impressionante ver Mordecai ir de panos de saco para roupa de realeza em poucos dias, quanto mais impressionante é ver o humilhado Salvador crucificado ir da morte sangrenta para a ressurreição gloriosa ao terceiro dia!".[7]

Um pedido urgente (8:3-6)

Warren Wiersbe tem razão em dizer que foi a intercessão de Ester junto ao trono que salvou o povo de Israel do extermínio. Quando Israel pecou, Moisés encontrou-se com Deus no monte Sinai e intercedeu por eles (Êx 32). O apóstolo Paulo afirmou que estava disposto a "ser anátema, separado de Cristo", se isso ajudasse a salvar os incrédulos de Israel

(Rm 9:1-3). No monte Carmelo, o profeta Elias orou por um Israel desobediente (1Rs 18), e, no palácio de Susã, Neemias orou pelos judeus em Jerusalém (Ne 1). Esdras chorou, orou e pediu que Deus ajudasse seu povo pecador (Ed 9). Daniel humilhou-se, jejuou e orou pedindo para entender o plano de Deus para Israel (Dn 9). Isaías escreveu: "Sobre os teus muros, ó Jerusalém, pus guardas, que todo o dia e toda a noite jamais se calarão; vós, os que fareis lembrado o SENHOR, não descanseis, nem deis a ele descanso até que restabeleça Jerusalém e a ponha por objeto de louvor na terra" (Is 62:6,7). Davi diz: "Orai pela paz de Jerusalém! Sejam prósperos os que te amam" (Sl 122:6).[8] Destacamos, aqui, três pontos importantes:

Em primeiro lugar, *um pedido humilde* (8:3,4). "Falou mais Ester perante o rei e se lhe lançou aos pés; e, com lágrimas, lhe implorou que revogasse a maldade de Hamã, o agagita, e a trama que havia empreendido contra os judeus. Estendeu o rei para Ester o cetro de ouro. Então, ela se levantou, pôs-se de pé diante do rei". Hamã está morto. As riquezas da família de Hamã estão nas mãos de Ester, sendo administradas por Mordecai, mas o problema maior não está ainda resolvido. O edito do rei ainda estava de pé. A decretação do extermínio dos judeus ainda não havia sido revertida. Conforme diz Iain Duguid, dessa vez a estratégia fria e calculista foi abandonada quando Ester se jogou aos pés do rei, chorando e implorando para que ele colocasse um fim ao plano de Hamã, pedindo desesperadamente por misericórdia para ela e seu povo.[9]

Em segundo lugar, *um pedido inteligente* (8:5). "[...] e lhe disse: Se bem parecer ao rei, se eu achei favor perante ele, se esta cousa é reta diante do rei, e se nisto lhe agrado, escreva-se que se revoguem os decretos concebidos por

Hamã, filho de Hamedata, o agagita, os quais ele escreveu para aniquilar os judeus que há em todas as províncias do rei". A diplomacia de Ester, sua polidez no trato e sua brandura no falar pavimentaram o caminho de acesso ao coração do rei. Se a palavra dura suscita a ira, a palavra branda desperta os desejos mais nobres. Com essa estratégia inteligente e com essa postura submissa, Ester apresenta seu pleito a Assuero. Adolpho Wasserman é oportuno quando escreve: "Existem três requisitos que asseguram o sucesso de qualquer pedido: primeiro, ele deve ser do agrado de quem vai conceder o pedido; segundo, aquele que vai pedir deve ser uma pessoa que possui o agrado daquele que está sendo solicitado; terceiro, o pedido deve ser apropriado. Portanto, Ester iniciou sua solicitação escorada por essas três premissas".[10] Iain Duguid ainda esclarece este ponto, assim:

> Ester prefaciou o seu pedido com um longo preâmbulo em quatro partes: "Se bem parecer ao rei + se eu achei favor perante ele + se esta coisa é reta diante do rei + se nisto lhe agrado (8:5)". Duas dessas cláusulas tratam da possibilidade de a questão a ser discutida ser aceitável ao rei, enquanto as outras duas inquiriam se a própria Ester era aceitável. Esses dois temas estavam inseparavelmente ligados, pois a única razão real para o rei atender o pedido era seu favor para com ela. Ester não fez referência ao certo e errado, justiça e injustiça. Essas não eram categorias levadas em conta no império. Tudo que ela podia fazer era apelar para o próprio interesse de Assuero, no que dizia respeito a ela: "Se você realmente me ama e quer me ver feliz, deve atender o meu pedido". O destino do povo dela dependia do que o rei iria responder a ela pessoalmente. Se ver o seu povo e familiares sendo destruídos iria causar grande dor à rainha, como alguém que a amava poderia tolerar isso?[11]

Em terceiro lugar, *um pedido sensível* (8:6). "Pois como poderei ver o mal que sobrevirá ao meu povo? E como poderei ver a destruição da minha parentela". Ester está dizendo que a salvação para si mesma não era suficiente se viesse sem a salvação do seu povo. Aqui Ester galvaniza um elo inquebrantável entre ela e seu povo. Ferir sua gente é atingir em cheio seu coração. Exterminar seu povo é destruir ela mesma. Ela não pode sobreviver à parte da aniquilação do seu povo. Matar os judeus é matá-la. Livrar o seu povo da morte é dar vida a ela. Nas palavras de Joyce Baldwin, "vemos aqui a profundidade da simpatia de Ester pelos sofrimentos dos outros. É muito comovente ver o ponto a que essa jovem, que tinha tudo o que o dinheiro podia comprar, identifica-se com os da sua raça, e está preparada para arriscar tudo em uma tentativa de impedir o desastre que os ameaça".[12]

Uma resposta coerente (8:7,8)

Destacamos três pontos importantes:

Em primeiro lugar, *uma prova insofismável* (8:7). "Então, disse o rei Assuero à rainha Ester e ao judeu Mordecai: 'Eis que dei a Ester a casa de Hamã, e a ele penduraram numa forca, porquanto intentara matar os judeus'". Assuero está dando, com esta resposta, provas cabais e insofismáveis de seu apreço a Ester e de sua disposição de atender à sua causa. O enforcamento de Hamã e a transferência dos bens de sua casa a Ester sinalizavam, de forma inconteste, sua disposição de aprovar o seu pedido.

Em segundo lugar, *uma ordem irrevogável* (8:8a). "Escrevei, pois, aos judeus, como bem vos parecer, em nome do rei, e selai-o com o anel do rei [...]". Assim como no passado Assuero havia sancionado o projeto de Hamã para exterminar os judeus, agora, numa reviravolta milagrosa, sanciona a defesa dos judeus no interesse que eles não sejam exterminados, mas sobrevivam ao ataque. Nas palavras de John Goldingay, "o novo decreto não autoriza os judeus a atacarem membros de outras etnias, mas concede o direito à autodefesa, e isso, portanto, implicitamente age como um obstáculo ao ataque dos outros povos. Eles não podem atacar impunemente".[13]

Em terceiro lugar, *uma justificativa necessária* (8:8b). "[...] porque os decretos feitos em nome do rei e que com o seu anel se selam não se podem revogar". No império persa, diferentemente do império babilônico, o rei não era autoridade absoluta. A lei estava acima dele (Dn 6:8,12,15). O próprio rei não podia anular um decreto estabelecido por ele. O decreto de extermínio dos judeus não podia ser sustado, mas um novo decreto podia ser sancionado para que os judeus lutassem. As forças governamentais não estariam mais laborando para a aniquilação dos judeus, mas para sua sobrevivência.

Uma ação necessária (8:9-14)

Destacamos cinco pontos importantes aqui:

Em primeiro lugar, *a expedição de um novo edito* (8:9). O narrador registra o expediente tomado:

> Então, foram chamados, sem detença, os secretários do rei, aos vinte e três dias do mês de sivã, que é o terceiro mês. E, segundo tudo quanto ordenou Mordecai, se escreveu um edito para os judeus, para os sátrapas, para os governadores e para os príncipes das províncias que se estendem da Índia à Etiópia, cento e vinte e sete províncias, a cada uma no seu próprio modo de escrever, e a cada povo na sua própria língua (8:9).

Por ordem de Assuero, um novo edito é expedido, endereçado aos judeus das cento e vinte províncias, aos governadores, aos sátrapas e aos príncipes. Se no passado quem estava por trás tramando para o extermínio dos judeus era o agagita Hamã, agora quem está por trás, laborando para o livramento dos judeus, é a rainha Ester e o judeu Mordecai. É uma completa virada de mesa. É uma mudança radical no cenário. É uma reviravolta milagrosa. Joyce Baldwin destaca que, embora fosse impossível para o rei recuar de qualquer palavra que havia sido expedida em seu nome, o mesmo efeito podia ser conseguido por um edito posterior, semelhantemente autenticado.[14]

Em segundo lugar, *a autenticação do edito* (8:10). "Escreveu-se em nome do rei Assuero, e se selou com o anel do rei; as cartas foram enviadas por intermédio de correios montados em ginetes criados na coudelaria do rei". O novo edito é firmado em nome do rei, com o anel do rei, enviado por intermédio de correios montados em cavalos criados na coudelaria do rei. O documento tem procedência real. Assuero é o remente do edito, e os destinatários deveriam, portanto, acatar com presteza sua nova orientação.

Em terceiro lugar, *a concessão do edito* (8:11,12). "Nelas, o rei concedia aos judeus de cada cidade que se reunisse e se dispusessem para defender a sua vida, para destruir, matar e aniquilar de vez toda e qualquer força armada do povo da província que viessem contra eles, crianças e mulheres, e que se saqueassem seus bens, num mesmo dia, em todas as províncias do rei Assuero, no dia treze do duodécimo mês, que é o mês de adar". No primeiro edito, o plano era destruir, matar e aniquilar de vez todos os judeus, homens, mulheres e crianças, saqueando seus bens em todas as províncias. No segundo edito, recebem concessão em todas as cidades para se reunirem a fim de defenderem sua vida. Eles poderiam se defender de toda e qualquer força armada que lhes fosse contrária.

Em quarto lugar, *a extensão do edito* (8:13). "A carta, que determinava a proclamação do edito em todas as províncias, foi enviada a todos os povos, para que os judeus se preparassem para aquele dia, para se vingarem dos seus inimigos". A essência do novo edito de Assuero visava informar os judeus para se prepararem para o dia marcado para morrerem, conforme o conteúdo do primeiro edito. Em vez de sucumbirem diante dos inimigos, deveriam fortalecer as mãos para se vingarem deles. Em vez de serem massacrados, deveriam surpreender seus inimigos com uma reação esmagadora. Charles Swindoll, tratando deste assunto, escreve:

> Desde que já haviam passado dois meses do decreto de Hamã (3:12), os judeus tinham cerca de nove meses para preparar-se para o conflito. Como acontecera com o decreto anterior, este também foi enviado usando cavaleiros que o levaram por todo o império, da Índia à Etiópia, tendo sido escrito nas línguas apropriadas de cada província. O decreto dava aos judeus o direito de se protegerem e de aniquilarem (3:13; 7:4) e saquearem qualquer grupo que os atacasse. Os judeus podiam ficar com os bens do inimigo como Mordecai "ficara" com as propriedades de Hamã.[15]

Em quinto lugar, *a publicação do edito* (8:14). "Os correios montados em ginetes que se usavam no serviço do rei saíram incontinenti, impelidos pela ordem do rei; e o edito foi publicado na cidadela de Susã". Uma reviravolta extraordinária operada pelo Senhor que tem o controle do universo. Nada o pega de surpresa. Ninguém pode lutar contra Ele e prevalecer. Nada é difícil demais para Ele, como afirma o quebrantado Nabucodonosor: "Todos os moradores da terra são por Ele reputados em nada; e segundo a sua vontade Ele opera com o exército do céu e os moradores da terra; não há quem lhe possa deter a mão, nem lhe dizer: 'Que fazes?'" (Dn 4:35).

C. E. Demaray faz uma importante analogia desta passagem com o evangelho de Cristo. Vejamos:

> Muitos estudiosos sempre viram neste segundo decreto de Assuero (por anular o decreto anterior de morte) uma analogia da "segunda lei" de Cristo. Esta é a lei do Espírito da vida em Cristo Jesus, que liberta aqueles que pela fé receberam a "lei do pecado e da morte" (Rm 8:2). Também ao enviar rapidamente os mensageiros, para proclamar em toda parte o novo decreto e levar uma oferta de vida aos judeus amaldiçoados, é feita uma analogia com o desafio que chega a todos os verdadeiros cristãos, a fim de se apressarem a enviar a mensagem do evangelho. A ordem é ir a todas as partes do mundo. Devemos enviar as boas-novas de que apesar da maldição do pecado, "Deus amou ao mundo de tal maneira que deu o seu Filho unigênito, para que todo o que nele crê não pereça, mas tenha a vida eterna" (Jo 3:16). Por uma analogia similar — "muitos entre os povos da terra se fizeram judeus" (8:17), ou prosélitos da fé judaica por temor — estes podem representar para nós o grande número de cristãos professos que hoje estão alinhados com a Igreja por razões egoístas. Talvez esperem que devido a uma mera conexão nominal com o cristianismo possam ser libertos do temor da morte e da punição eterna.[16]

A exaltação justa (8:15-17)

A tristeza reinava em Susã e nas demais cidades da Pérsia. Como diz Charles Swindoll, "a cena provavelmente se assemelhava à atmosfera em Auschwiz, Dachau ou Birkenau. Ninguém ria. Cada dia tornava a condenação mais próxima vinte e quatro horas".[17] Mas, observe bem o que vem a seguir:

Em primeiro lugar, *a honrosa posição de Mordecai* (8:15). "Então, Mordecai saiu da presença do rei com veste azul-celeste e branco, como também com grande coroa de ouro e manto de linho fino e púrpura; e a cidade de Susã exultou e se alegrou". Mordecai, o judeu, era homem de prestígio antes de ser honrado pelo rei. O povo da cidade conhecia seu caráter impoluto e sua lealdade ao rei. O povo conhecia sua humildade e seu trabalho honrado junto à porta do rei. Agora, a cidade exulta em ver Mordecai sendo colocado no lugar de Hamã. A cidade se alegra ao ver que, em vez de sentença de morte aos judeus, tem um judeu à frente do governo para livrá-los da morte. John Goldingay escreve:

> Quando o edito de Hamã foi promulgado, toda a cidade ficou perplexa; agora, ela está aliviada. Naquela ocasião, Mordecai vestiu-se de pano de saco e cinza, e agora está vestido de honra; os judeus, igualmente, prantearam, e agora celebram. Mordecai temeu que a rainha Ester decidisse continuar escondendo a sua identidade judia, e agora as pessoas desejam compartilhar essa identidade.[18]

Joyce Baldwin corrobora, dizendo que a cidade de Susã, e não apenas os judeus que ali viviam, deram as boas-vindas a Mordecai como primeiro-ministro. Longe de ficarem ressentidos pela indicação de um membro de uma minoria estrangeira, o povo aclamou e regozijou-se, apoiando plenamente aquela nomeação. As roupas características com as cores reais e a grande coroa de ouro o distinguiam como segundo apenas em relação ao rei.[19]

Nas palavras de Iain Duguid: "Depois da publicação do edito de Hamã, a cidade de Susã ficou perplexa (3:15), mas depois da publicação do edito de Mordecai a cidade regozijou-se (8:15)".[20] Certamente está aqui o dedo de Deus.

Muito embora o nome divino não apareça, a mão invisível da providência é incontestável. Deus pode parecer oculto, mas não ausente.

Em segundo lugar, *a alegria do povo de Mordecai* (8:16, 17a). "Para os judeus houve felicidade, alegria, regozijo e honra. Também em todas as províncias, em toda cidade aonde chegava a palavra do rei e a sua ordem, havia entre os judeus alegria e regozijo, banquetes e festas [...]". Adolpho Wasserman diz que a palavra "felicidade", aqui, pode ser traduzida como luz. Assim, o narrador descreve os judeus como alguém que emerge para a plena claridade depois de estar em total escuridão durante muito tempo.[21] Em lugar de lamentações, jejum, choro e lamentos (4:3), houve felicidade, alegria, regozijo e honra.[22] O choro foi transformado em alegria, e o pano de saco e cinzas em honra. Aqueles que estavam sentenciados à morte estão festejando, e aqueles que impunham o terror da morte estão desamparados. Iain Duguid resume bem o ocorrido: "A comunidade judaica havia respondido ao primeiro edito com quatro tipos de aflição — luto, jejum, choro e lamentação (4:3). Ela reagia agora ao segundo edito com quatro tipos de deleite: felicidade, alegria, regozijo e honra (8:16)".[23]

Concordo com Charles Swindoll quando diz que esses princípios foram escritos para pessoas cuja vida conserva as cicatrizes causadas por documentos ou ações judiciais, relatórios negativos ou boatos. Para aqueles cuja vida esteja presa nos muros de pedra da depressão e da condenação. Este episódio anuncia em grandes letras: HÁ ESPERANÇA![24]

Em terceiro lugar, *a alegria dos outros povos* (8:17b). "[...] e muitos dos povos da terra se fizeram judeus, porque o temor dos judeus tinha caído sobre eles". Essa passagem é interpretada de diferentes maneiras. O significado mais evidente é que muitos gentios do império deixaram suas religiões pagãs e se tornaram prosélitos.[25] A alegria dos judeus tornou-se contagiante e irresistível. O triunfo dos judeus levou exilados de outros povos a se declararem judeus. O temor dos judeus havia caído sobre eles e todos reconheciam que esse povo tinha uma proteção sobrenatural.

Joyce Baldwin diz que Mordecai havia provado a sua habilidade para mudar o que em teoria não podia ser mudado, e o povo ficou impressionado tanto quanto apreensivo quanto ao futuro. Sentindo, com razão, que no futuro seria vantajoso ser judeu, muitos se fizeram judeus. Só aqui, em todo o Antigo Testamento, faz-se referência a pessoas de outras raças se tornando judias, embora o Novo Testamento dê abundante testemunho desse processo no século I d.C. (Mt 23:15; At 2:10; 6:5; 13:43).[26]

Adolpho Wasserman entende que eles não foram aceitos como prosélitos verdadeiros porque a conversão foi motivada por medo, quando realmente não eram nem tinham a intenção de tornar-se prosélitos de verdade.[27] Por outro lado, esse fato cumpre a promessa feita a Abraão, pois nele seriam benditos todos os povos (Gn 12:1-3). Povos estão conhecendo o Deus dos filhos de Abraão. Gente de outras etnias está experimentando a fé. Warren Wiersbe, fazendo uma aplicação oportuna, diz que quando o presidente Ronald Reagan estava sendo preparado para uma cirurgia depois que recebeu um tiro, disse em tom de brincadeira à equipe médica: "Espero que todos vocês sejam republicanos". Um dos médicos respondeu: "Senhor presidente, hoje, todos aqui são do seu partido". Essa foi a atitude de muitos no império persa quando o edito de Mordecai foi publicado: "Hoje, todos nós somos judeus".[28]

Valho-me das palavras de Emilio Garofalo para concluir este capítulo: "O triunfo pertence a quem está em Cristo. O Filho de Davi, o Filho de Abraão, o perfeito Salvador do mundo. Em segui-lo há felicidade, alegria, regozijo e honra, mesmo ainda vivendo aqui na casa da Pérsia".[29]

Notas

[1] DUGUID, Iain M. *Ester e Rute*, p. 101,102.
[2] NETO, Emilio Garofalo. *Ester na casa da Pérsia*, p. 158.
[3] SWINDOLL, Charles R. *Ester*, p. 169.
[4] WASSERMAN, Adolpho. *Meguilat Ester*, p. 27.
[5] WIERSBE, Warren W. *Comentário bíblico expositivo*. Vol. 2, p. 726.
[6] BALDWIN, Joyce G. *Ester: introdução e comentário*, p. 85.
[7] NETO, Emilio Garofalo. *Ester na casa da Pérsia*, p. 159.
[8] WIERSBE, Warren W. *Comentário bíblico expositivo*, p. 727.
[9] DUGUID, Iain M. *Ester e Rute*, p. 103.
[10] WASSERMAN, Adolpho. *Meguilat Ester*, p. 27.
[11] DUGUID, Iain M. *Ester e Rute*, p. 104.
[12] BALDWIN, Joyce G. *Ester: introdução e comentário*, p. 86.
[13] GOLDINGAY, John. *Esdras, Neemias e Ester*, p. 252.
[14] BALDWIN, Joyce G. *Ester: introdução e comentário*, p. 86.
[15] SWINDOLL, Charles R. *Ester*, p. 174,175.
[16] DEMARAY, C. E. *O livro de Ester*. Em *Comentário bíblico Beacon*. Vol. 2, p. 558.
[17] SWINDOLL, Charles R. *Ester*, p. 176.
[18] GOLDINGAY, John. *Esdras, Neemias e Ester*, p. 252,253.
[19] BALDWIN, Joyce G. *Ester: introdução e comentário*, p. 89.
[20] DUGUID, Iain M. *Ester e Rute*, p. 107.
[21] WASSERMAN, Adolpho. *Meguilat Ester*, p. 30.
[22] BALDWIN, Joyce G. *Ester: introdução e comentário*, p. 89.
[23] DUGUID, Iain M. *Ester e Rute*, p. 107.
[24] SWINDOLL, Charles R. *Ester*, p. 177.

[25] WIERSBE, Warren W. *Comentário bíblico expositivo*. Vol. 2, p. 730.
[26] BALDWIN, Joyce G. *Ester: introdução e comentário*, p. 89,90.
[27] WASSERMAN, Adolpho. *Meguilat Ester*, p. 30.
[28] WIERSBE, Warren W. *Comentário bíblico expositivo*. Vol. 2, p. 730.
[29] NETO, Emilio Garofalo. *Ester na casa da Pérsia*, p. 169.

Capítulo 10

Uma grande reviravolta

(Ester 9:1-32; 10:1-3)

Chegamos ao final do livro de Ester com uma reviravolta extraordinária. O cenário sombrio passa a ser iluminado. A circunstância carrancuda passa a ser sorridente. A sentença de morte passa a descrever a morte dos inimigos. O dia mais perturbador passar a ser o dia da celebração festiva. É uma verdadeira reviravolta dos destinos.

Iain Duguid diz que Ester pode ser uma tragédia ou uma comédia. Para Hamã e seus aliados, é uma grande tragédia, já que todos os seus esquemas para triunfar sobre os odiados judeus dão em nada. Para Ester, Mordecai e a comunidade do povo de Deus, contudo, é uma comédia em todos os aspectos, com a transformação do desastre iminente numa situação na qual cada pessoa pode viver feliz para sempre e rir dos antigos temores.[1]

Uma reviravolta descrita — da derrota à vitória (9:1-15)

Desde que fora marcada a data do holocausto na Pérsia, do extermínio dos judeus, cada raiar de um novo dia só aprofundava a dor no coração desse povo. Porém o dia da morte tornou-se o dia de celebração da vida.

O capítulo 9 de Ester, o mais longo do livro, descreve com cores vivas a grande virada na história do povo judeu, exilado na Pérsia. De forma surpreendente, o povo marcado para morrer sobreviveu. O povo sentenciado a uma derrota avassaladora triunfou sobre seus inimigos. Quem estava no topo da pirâmide despenca para a vala da morte e quem estava coberto de pano de saco e cinza ascende ao topo para assentar-se com príncipes. Essa reviravolta não é fruto do acaso. Não procede do engenho humano nem é levada a cabo por forças humanas. Ao contrário, é o dedo de Deus. É a mão invisível da providência. Vejamos:

Em primeiro lugar, *uma virada nos acontecimentos* (9:1). "No dia treze do duodécimo mês, que é o mês de adar, quando chegou a palavra do rei e a sua ordem para se executar, no dia em que os inimigos dos judeus contavam assenhorear-se deles, sucedeu o contrário, pois os judeus é que se assenhorearam dos que os odiavam". O dia treze do duodécimo mês era o dia fatídico do ataque implacável e avassalador sobre os judeus em todas as cento e vinte e sete províncias do império. Era o dia de sua morte e da apropriação de seus bens. Os judeus seriam mortos, exterminados e varridos do mapa de uma vez para sempre. Porém, os acontecimentos sofreram uma reversão absoluta. O placar do jogo mudou. A mesa da história virou. Os judeus não foram exterminados nem seus bens saqueados. Seus inimigos, que os odiavam, é que sofreram acachapante derrota. Iain Duguid coloca esse fato assim:

> Os editos conflitantes de Hamã e de Mordecai, contra e a favor do povo de Deus, entraram em vigor, levantando a questão sobre qual o edito sairia vitorioso. O escritor não mantém o suspense por muito tempo. Pelo contrário, ele nos diz desde o início como o dia terminou: a situação foi invertida. Aqueles que tinham esperança de dominar e destruir os judeus foram eles mesmos destruídos. Ocorreu uma reviravolta no destino do povo de Deus. O fim da história mostra aqueles que estavam impotentes, os judeus, tendo o total controle, dominando seus inimigos no mesmo dia em que esses haviam alimentado a esperança de dominá-los.[2]

Em segundo lugar, *uma virada nos sentimentos* (9:2). "Porque os judeus, nas suas cidades, em todas as províncias do rei Assuero, se ajuntaram para dar cabo daqueles que lhes procuravam o mal; e ninguém podia resistir-lhes, porque o terror que inspiravam caiu sobre todos aqueles povos". O sentimento de fraqueza, impotência e desamparo dos judeus foi revertido. Agora são seus inimigos que se enchem de pavor. São seus adversários que são assolados pelo terror. A reviravolta foi completa. Os judeus não estão aterrorizados; é o terror deles que cai sobre todos os povos do reino da Pérsia. Joyce Baldwin diz que a incapacidade dos seus inimigos em causar mal aos judeus é explicada em nível psicológico: o terror que inspiravam caiu sobre todos aqueles povos. Em parte esse terror podia ser explicado pela inesperada mudança de poder em Susã e pelo direito dos judeus de se defenderem contra uma lei totalmente injusta. O temor, porém, que o povo de Deus inspirava só é explicável em termos do temor do seu Deus, que vindicava a sua justa causa, convencendo os seus inimigos em todo o império persa de que haviam apoiado o lado que iria perder.[3]

Vemos, aqui, portanto, a mão de Deus. Esse temor não é inspirado apenas pela mudança dos ventos políticos. A queda de Hamã e a ascensão de Mordecai era uma evidência de que os judeus tinham a simpatia do rei Assuero. Atentar contra os judeus era lutar contra a máquina imperial. Era entrar numa causa perdida e investir num projeto fracassado. O temor que caiu sobre os povos tinha, sobretudo, uma origem divina. O próprio Deus, mesmo silencioso, está agindo, e agindo a favor do seu povo, impondo terror aos inimigos e colocando um cântico de vitória nos lábios dos judeus.

Em terceiro lugar, *uma ajuda providencial* (9:3,4). "Todos os príncipes das províncias, e os sátrapas, e os governadores, e os oficiais do rei auxiliavam os judeus, porque tinha caído sobre eles o temor de Mordecai. Porque Mordecai era grande na casa do rei, e a sua fama crescia por todas as províncias; pois ele se ia tornando mais e mais poderoso". Os príncipes, sátrapas e governadores não queriam remar contra a maré. Sabiam que os ventos eram favoráveis aos judeus. Hamã havia sido enforcado, e no lugar dele, o judeu Mordecai estava em franca ascensão no império persa. Por isso, por convicção ou conveniência, apoiaram a causa dos judeus para defendê-los. Parece não haver dúvidas de que era do interesse deles granjear a amizade de Mordecai. Na verdade, os céus e a terra deram as mãos na defesa dos judeus. O segundo edito de Assuero suplantou o primeiro. Se o primeiro edito tinha cheiro de morte para os judeus, o segundo tinha o perfume da vida para eles. A liderança política do império persa, fazendo uma leitura lúcida dos acontecimentos, entrou na peleja para defender os judeus em vez de empregar seus esforços para eliminá-los.

Em quarto lugar, *uma vitória estrondosa* (9:5-10). O narrador escreve:

> Feriram, pois, os judeus a todos os seus inimigos, a golpes de espada, com matança e destruição; e fizeram dos seus inimigos o que bem quiseram. Na cidadela de Susã, os judeus mataram e destruíram a quinhentos homens, como também a Parsandata, a Dalfom, a Aspata, a Porata, a Adalia, a Aridata, a Farmasta, a Arisai, a Aridai e a Vaisata, que eram os dez filhos de Hamã, filho de Hamedata, o inimigo dos judeus; porém no despojo não tocaram (9:5-10).

Os judeus lutaram bravamente, enfrentando os inimigos com desassombro e galhardia. Brandiram a espada. Não afrouxaram os braços. Não ensarilharam as armas. Lutaram e venceram. Seus inimigos sucumbiram diante de sua bravura e destreza. Seus adversários não puderam resistir nem prevalecer. Os judeus mataram só na cidadela de Susã, ou seja, na acrópole da cidade, na sede do governo persa, quinhentos homens. É digno de destaque que as vítimas eram inimigos, os que os odiavam, homens, e não mulheres e crianças. Todos os dez filhos de Hamã também foram mortos à espada. Foi uma vitória estrondosa! Iain Duguid comenta:

> A guerra santa contra esse agagita fora realizada efetivamente, diferente do desanimado ataque de Saul contra o ancestral do agagita (1Sm 15). Hamã não tinha mais descendente para realizar sua guerra santa contra a descendência dos judeus. Com a morte dos seus filhos, a perda da posição e o confisco da

sua propriedade no capítulo anterior, todas as coisas das quais Hamã se vangloriou em Ester capítulo 5 se foram, juntamente com sua própria vida.[4]

A mesa da história virou. O placar do jogo mudou. Quem estava com o peito estufado, vangloriando-se, encolheu-se; quem estava coberto de cinzas, humilhado, ascendeu ao poder. Quem estava planejando matar morreu; quem estava sentenciado à morte sobreviveu. A vitória foi estrondosa. A derrota do inimigo, acachapante. O cenário outrora sombrio cobriu-se de cores alegres. O campo lúgubre da morte tornou-se o território dos banquetes da alegria.

É importante ressaltar que os judeus não tocaram no despojo. No passado de Israel houve vários incidentes concernentes aos despojos de guerra (Gn 14:21-23; 1Sm 15:17-23), e visto que o autor faz este comentário três vezes (9:10,15,16), certamente ele quer destacar que o povo judeu não quer enriquecimento às custas de seus inimigos; quer apenas sobreviver.

Em quinto lugar, *uma vitória completa* (9:11-15). O autor bíblico escreve:

> No mesmo dia, foi comunicado ao rei o número dos mortos na cidadela de Susã. Disse o rei à rainha Ester: "Na cidadela de Susã, mataram e destruíram os judeus a quinhentos homens e os dez filhos de Hamã; nas mais províncias do rei, que terão eles feito? Qual é, pois, a tua petição? E se te dará. Ou que é que desejas ainda? E se cumprirá". Então, disse Ester: "Se bem parecer ao rei, conceda-se aos judeus que se acham em Susã que também façam, amanhã, segundo o edito de hoje e dependurem em forca os cadáveres dos dez filhos de Hamã". Então, disse o rei que assim se fizesse; publicou-se o edito em Susã, e dependuraram os cadáveres dos dez filhos de Hamã. Reuniram-se os judeus que se achavam em Susã também no

dia catorze do mês de adar, e mataram, em Susã, a trezentos homens; porém no despojo não tocaram (9:11-15).

A matança de quinhentos homens na cidadela de Susã foi comunicada ao rei Assuero e este quer saber se Ester ainda tem algum pedido a mais a ser feito. A rainha Ester solicita ao rei que os cadáveres dos dez filhos de Hamã, mortos à espada, sejam pendurados na forca publicamente. Assim foi feito. No dia quatorze de adar, trezentos homens foram mortos em Susã. Aqui a vitória não é apenas estrondosa, mas, também, completa.

Todo foco de resistência aos judeus está sendo eliminado. A guerra santa contra os amalequitas, que Saul fracassou em cumprir, está, agora, sendo executada. A exposição dos cadáveres dos filhos de Hamã não é um ato de vingança pessoal, mas uma demonstração de que ninguém pode insurgir-se contra Deus e prevalecer. Opor-se ao seu povo é lutar contra Ele mesmo. Tocar no povo de Deus é tocar na menina dos seus olhos.

É digno de nota que os judeus prevaleceram sobre seus inimigos, mas não tocaram no despojo. Assim como Abraão não tocou nos despojos da guerra contra os reis do norte, e assim como Josué orientou o povo a não tocar nos despojos de Jericó, os judeus não rapinaram os bens de seus inimigos. Iain Duguid comenta:

> Embora o edito de Mordecai permitisse o despojo, algo simplesmente normal de guerra, os judeus se abstiveram de enriquecer por meio do conflito porque era guerra santa, de modo que o espólio não era deles para que o pegassem. A mesma reserva foi mostrada pelos judeus das províncias do império. Eles também participaram da guerra contra os inimigos de Deus, mas se abstiveram do espólio.[5]

Uma reviravolta celebrada — da tristeza à alegria (9:16-32)

Não basta vencer, é preciso celebrar. Foi isso que fizeram Moisés (Êx 15) e Débora (Jz 5). O dia do choro foi convertido no dia do riso; a data marcada para morrer converte-se na data decisiva para a mais retumbante vitória. O inimigo que detinha todo o poder afrouxa suas mãos na batalha, e aqueles que não tinham nenhuma chance de sobreviver ao massacre impõem aos inimigos arrasadora derrota. Vejamos:

Em primeiro lugar, *o sossego dos inimigos* (9:16). "Também os demais judeus que se achavam nas províncias do rei se reuniram, e se dispuseram para defender a vida, e tiveram sossego dos seus inimigos; e mataram a setenta e cinco mil dos que os odiavam; porém, no despojo não tocaram". A vitória dos judeus sobre aqueles que os odiavam foi ampla e maiúscula. Setenta e cinco mil caíram mortos sob o poder da espada dos judeus. Os oprimidos judeus tornaram-se valentes e irresistíveis. Aqui aplica-se o que disse o apóstolo Paulo: "Se Deus é por nós, quem será contra nós?" (Rm 8:31). Se Deus está do lado de seu povo, o inimigo não pode prevalecer. A vitória não é resultado do esforço humano, mas da intervenção divina. É digno de destaque que os judeus não tocaram no despojo dos inimigos abatidos. Eles lutaram pela preservação da vida e não pela ganância financeira. Não estavam atrás de riquezas, mas de sobrevivência.

Em segundo lugar, *o banquete da alegria* (9:17-19). O narrador registra:

> Sucedeu isto no dia treze do mês de adar; no dia catorze, descansaram e o fizeram dia de banquetes e de alegria. Os judeus,

porém, que se achavam em Susã se ajuntaram nos dias treze e catorze do mesmo mês; e descansaram no dia quinze e fizeram dia de banquetes e de alegria. Também os judeus das vilas que habitavam nas aldeias abertas fizeram do dia catorze do mês de adar dia de alegria e de banquetes e dia de festa e de mandarem porções dos banquetes uns aos outros (9:17-19).

A vitória precisa ser celebrada. A vitória não deve gerar soberba, mas inspirar solidariedade. Todos devem comemorar. Os pobres não podem ficar de fora da alegria da vitória, e por isso a solidariedade deve fazer parte do banquete da alegria. Os pobres devem celebrar com o mesmo entusiasmo daqueles que detêm grandes recursos. O pão da comunhão e da solidariedade deve estar na mesa dos pobres com a mesma fartura que está presente na mesa dos ricos. Se a crise medonha é capaz de nos unir, também a gratidão e a solidariedade devem nos manter em comunhão.

Em terceiro lugar, *a ordenança para festejar* (9:20-22). Vejamos o registro do narrador:

> Mordecai escreveu estas coisas e enviou cartas a todos os judeus que se achavam em todas as províncias do rei Assuero, aos de perto e aos de longe, ordenando-lhes que comemorassem o dia catorze do mês de adar e o dia quinze do mesmo mês, todos os anos, como os dias em que os judeus tiveram sossego dos seus inimigos, e o mês que se lhes mudou de tristeza em alegria, e de luto em dia de festa; para que os fizessem dias de banquetes e de alegria, e de mandarem porções dos banquetes uns aos outros e dádivas aos pobres (9.20,22).

Há ordens para os judeus se defenderem e lutarem. Há ordens para os judeus não tocarem nos despojos. Há ordens para os judeus celebrarem a vitória e comemorarem o tempo de sossego dos seus inimigos. Há ordens para os judeus cuidarem dos pobres, mandando porções dos banquetes uns aos outros e dádivas aos pobres. A gratidão é a rainha das virtudes. Uma coisa é vencer, outra coisa é agradecer. Uma coisa é triunfar na batalha, outra coisa é compartilhar os resultados da vitória. Uma coisa é vencer os inimigos, outra coisa é socorrer os pobres que se ombrearam conosco na peleja. Uma coisa é ver os inimigos tirando as mãos dos bens que possuímos, outra coisa é repartir esses bens preservados com os menos favorecidos.

Em quarto lugar, *a instituição da festa da alegria* (9:23-28). O narrador assim descreve a instituição da festa de Purim, a festa da alegria:

> Assim, os judeus aceitaram como costume o que, naquele tempo, haviam feito pela primeira vez, segundo Mordecai lhes prescrevera; porque Hamã, filho de Hamedata, o agagita, inimigo de todos os judeus, tinha intentado destruir os judeus; e tinha lançado o Pur, isto é, sortes, para os assolar e destruir. Mas, tendo Ester ido perante o rei, ordenou ele por cartas que o seu mau intento, que assentara contra os judeus, recaísse contra a própria cabeça dele, pelo que enforcaram a ele e a seus filhos. Por isso, àqueles dias chamam Purim, do nome Pur. Daí, por causa de todas as palavras daquela carta, e do que testemunharam, e do que lhes havia sucedido, determinaram os judeus e tomaram sobre si, sobre a sua descendência e sobre todos os que se chagassem a eles, que não se deixaria de comemorar estes dois dias segundo o que se escrevera deles e segundo o seu tempo marcado todos os anos; e que estes dias seriam lembrados e comemorados gerações após gerações, por todas as famílias, em todas as províncias e em todas as cidades, e que estes dias de Purim jamais caducariam entre os judeus, e que a memória deles jamais se extinguiria entre os seus descendentes (9:23-28).

Uma grande reviravolta

A festa de Purim, a festa da alegria, foi instituída para ser celebrada perpetuamente, por todas as famílias, em todas as cidades e em todas as províncias da Pérsia, em todas as gerações. No passado, a festa da Páscoa fora instituída, de igual modo, para ser uma comemoração permanente do povo de Israel (Êx 12). Assim como a Páscoa foi instituída para relembrar a libertação da escravidão, a festa do Purim deveria ser um memorial para celebrar o grande livramento da morte. A Pérsia deixou de existir como um grande império, mas a festa de Purim continuou a existir. Essa festa celebrada por gerações perdurou durante séculos, e ainda hoje, depois de mais de dois mil e quinhentos anos, é observada pelos judeus.

Assim também é a nossa vida. Alternamos dias de choro e de festas de alegria. É como diz Emílio Garofalo: "Às vezes, a gente se veste de pano de saco e cinzas. E às vezes, a gente faz festa e celebra. E vai alternando".[6]

Charles Swindoll é oportuno quando diz que isso não significa que apenas esquecemos o passado, proclamando: "É mesmo. Foi horrível!". Em vez disso, construímos um monumento. Celebramos a festa. Isso nos faz lembrar a celebração espontânea do primeiro dia de Ação de Graças no Novo Mundo. Depois de suportar o rigor do inverno, os primeiros colonos norte-americanos decidiram fazer uma festa, celebrando a sua sobrevivência e agradecendo a Deus pela proteção e provisões nos meses anteriores. Aquela foi uma celebração espontânea de louvor, o Purim dos ancestrais do povo norte-americano. Deus transformara suas dificuldades, tristezas e dores em gratidão, saúde e alegria. Esta primeira festa veio a tornar-se o Dia de Ação de Graças, festa muito celebrada nos Estados Unidos.[7]

Em quinto lugar, *a segunda comunicação confirmando a festa do Purim* (9:29-32). O escritor sacro escreve:

> Então, a rainha Ester, filha de Abiail, e o judeu Mordecai escreveram, com toda a autoridade, segunda vez, para confirmar a carta de Purim. Expediram cartas a todos os judeus, às cento e vinte e sete províncias do reino de Assuero, com palavras amigáveis e sinceras, para confirmar estes dias de Purim nos seus tempos determinados, como o judeu Mordecai e a rainha Ester lhes tinham estabelecido, e como eles mesmos já tinham estabelecido sobre si e sobre a sua descendência, acerca do jejum e do seu lamento. E o mandado de Ester estabeleceu estas particularidades de Purim; e se escreveu no livro (9:29-32).

A instituição da festa do Purim foi considerada tão importante para Ester e Mordecai, que uma segunda correspondência oficial foi enviada a todas as províncias do império, confirmando os dias de Purim nos seus tempos determinados. Essa festa não podia cair na vala do esquecimento. Gratidão e alegria precisavam ser mantidas pelo povo judeu de geração em geração.

Temos uma memória afiada para lembrar as dores e uma memória fraca para recordar as bênçãos. Somos mais atentos para reclamar do que para agradecer. O texto em tela é brado altissonante, chamando-nos à ordem. Agradecer é preciso! Contar as bênçãos é necessário! Em vez de reclamar, devemos agradecer. Agradecer pela vida, pela família, pelos amigos, pela igreja, pela nação, pelo pão de cada dia, pela saúde, pelo sustento, pela proteção, pela generosa providência, pelos livramentos, pela salvação.

É tempo de construirmos o nosso próprio memorial, monumentos mentais que transformem tragédias em triunfo, pois mesmo em meio aos problemas, tempestades e sofrimentos da vida, podemos projetar nossos pensamentos para além do hoje e ver alívio, triunfo, vitória. Porque, no fim, Deus vence![8]

Concordo com Charles Swindoll quando diz que se a festa de Purim não tivesse sido estabelecida, os acontecimentos da vida de Ester teriam sido esquecidos em duas ou três gerações. Nossa geração está acostumada com decisões superficiais. Infância acelerada. Dinheiro rápido. Sucesso da noite para o dia. Ação veloz. Competições acirradas. Tão pouco tempo para parar e registrar segmentos de nossa vida em um diário. Tão pouca ênfase no ouvir, aprender e respeitar. Para termos perspectiva, é preciso que haja monumentos e memoriais, lugares aos quais voltar, dos quais aprender, sobre os quais falar e transmitir a outros. Se não fizermos isso, estamos destinados a viver sem raízes, sem quase nenhum significado.[9]

Uma reviravolta reconsiderada — do anonimato ao estrelato (10:1-3)

O registro final do livro de Ester destaca o rei Assuero como o primeiro em poder e Mordecai como o segundo homem mais forte do império. Ele, que era conhecido como o judeu que vivia à porta do rei, agora é celebrado como o homem mais poderoso depois do rei. Mordecai faz uma viagem do anonimato ao estrelato. Sendo um homem sentenciado à pena de morte, ascende ao topo do poder para defender o seu povo da morte e do extermínio. Destacamos, aqui, três pontos:

Em primeiro lugar, *de volta aos impostos* (10:1). "Depois disto, o rei Assuero impôs tributo sobre a terra e sobre as terras do mar". Passados os acontecimentos liderados por Ester e Mordecai, a atenção se volta para o centro nevrálgico do poder, na corte de Assuero, para mostrar que o rei estava no comando do império, e agora impondo tributo sobre todos os povos espalhados em seu vasto domínio. Joyce Baldwin diz que a qualidade de vida para o povo comum dependia não apenas das colheitas, mas também do grau de taxação exigido pela bolsa real para projetos civis e militares, bem como para o suprimento de alimentos e outros recursos para manter o palácio e o serviço civil com o seu luxo.[10]

Como diz Iain Duguid, Mordecai, o judeu, e Ester, filha de Abiail, podiam agora ser aqueles que escreviam editos no lugar de Hamã, mas Assuero ainda era o rei. Os interesses pessoais dele continuavam soberanos, não importando o custo para os seus leais súditos.[11] Vale destacar que, por ocasião da coroação de Ester como rainha, houve uma isenção geral de impostos (2:18). Agora, porém, mesmo que Ester tenha se fortalecido na posição de rainha do império, as benesses anteriores foram revogadas e os tributos voltaram a ser exigidos. Como diz Emílio Garofalo, "na coroação de Ester houve diminuição de impostos (2:18), agora novo aperto. Reis são reis".[12]

Em segundo lugar, *de volta aos registros* (10:2). "Quanto aos mais atos do seu poder e do seu valor e ao relatório completo da grandeza de Mordecai, a quem o rei exaltou, porventura, não estão escritos no livro da História dos Reis da Média e da Pérsia?". O livro da História dos Reis da Média e da Pérsia continha o registro dos grandes atos dos governantes. A leitura desses registros numa noite de insônia do rei tirou Mordecai das sombras da morte para um cortejo de honra real. Agora, outro registro é feito. Nesse livro ficou registrado, também, a grandeza do judeu Mordecai, exaltado pelo rei Assuero. Este judeu, tutor da rainha Ester e conselheiro do rei, destacou-se como um forte defensor do seu povo em todas as províncias do poderoso império persa.

Em terceiro lugar, *de volta aos holofotes* (10:3). "Pois o judeu Mordecai foi o segundo depois do rei Assuero, e grande para com os judeus, e estimado pela multidão de seus irmãos, tendo procurado o bem-estar do seu povo e trabalhado pela prosperidade de todo o povo da sua raça". Mordecai foi maior do que os príncipes, sátrapas e governadores da Pérsia. Ele foi o segundo nome no escalão do império persa. Ele foi um homem forte e usou toda a sua influência para trabalhar para o bem-estar e prosperidade dos judeus.

Esse judeu exilado manteve-se coerente com os valores de seu povo na pobreza e na riqueza, no anonimato e na fama. Criou sua prima Ester, órfã de pai e mãe, e esta veio a se tornar a rainha da Pérsia. Mesmo Ester ocupando essa honrosa posição, Mordecai jamais deixou de ser seu conselheiro e tutor espiritual. Nos bastidores, influenciou as pessoas que influenciaram o império. Mordecai foi um líder que não investiu em si mesmo, mas no seu povo. Um líder altruísta, que buscou o bem-estar do seu povo, e não o seu próprio enriquecimento.

William MacDonald, citando Charles H. Spurgeon, diz acertadamente que Mordecai era um verdadeiro patriota, e sendo exaltado por Assuero, usou sua eminência para promover a prosperidade de Israel. Nesse sentido, ele foi um tipo de Jesus, que sobre seu trono de glória usa seu poder em favor do seu povo.[13]

Deus preserva o povo judeu porque por meio dele nasceria o Messias, o Salvador do mundo. As palavras de Joyce Baldwin são oportunas: "As evidências bíblicas apontam para o propósito de Deus em preservar da extinção a nação judaica, no Egito, na Babilônia e na Pérsia. Em termos mais amplos, era porque aquela nação estava sendo preparada para a honra de receber o Filho dele".[14]

Concluo dizendo que muito embora Mordecai tenha se fortalecido e buscado o bem-estar dos judeus e a prosperidade de todo o povo de sua raça, esse descanso não foi perfeito nem duradouro, mas parcial e temporário. É óbvio que precisamos de uma reviravolta ainda maior, uma que resulte na vinda do verdadeiro Rei, o Príncipe da Paz, cujo reino não terá fim.[15] Iain Duguid expressa essa verdade com clareza diáfana:

> Jesus não veio como um guerreiro poderoso, mas como o Príncipe da paz. Em Cristo, os antigos amalequitas e judeus são agora reunidos numa paz gloriosa que flui para o novo e único povo de Deus. Porém, nossa paz teve um grande custo. A paz foi estabelecida para nós pela declaração de guerra santa por Deus contra seu próprio Filho. Era isso o que estava acontecendo na cruz. Deus, o Pai, colocou sobre seu Filho Jesus a culpa de todos os pecados daqueles que se tornariam seu povo. Como é dito em 2Coríntios 5:21: "Aquele que não conheceu pecado, Ele o fez pecado por nós". Tendo colocado o nosso pecado sobre os ombros dele, Deus, o Pai, então derramou a total medida da sua ira contra o pecado sobre Ele. Toda a feiura e dor da história da guerra santa foram concentradas nas seis horas de terrível agonia e das trevas intensas da cruz. O corpo dele não foi apenas torturado e brutalizado pelos romanos até à morte. Ele foi também exposto à vergonha cósmica ao ser pendurado na cruz. Como Hamã e seus filhos, o corpo de Jesus foi pendurado no madeiro, o sinal máximo da maldição do juízo de Deus (Dt 21:23). Na cruz, Jesus suportou totalmente a maldição de Deus sobre o nosso pecado. E por quê? Para que pudéssemos receber a paz por meio da justiça dele e ter

descanso de toda a nossa culpa e pecado, bem como o acesso à presença vivificadora de Deus.¹⁶

O reino de Assuero passou, como passaram outros reinos que vieram, ascenderam ao poder e caíram. Enquanto aqui vivemos, somos enredados em batalhas ferrenhas e estamos envolvidos numa conflagração de vida ou morte com as forças das trevas. Aproxima-se o dia, porém, quando Jesus, o Rei dos reis, virá com grande glória e poder para colocar todos os seus inimigos debaixo de seus pés. Então, a vitória será completa, final e eterna quando se proclamar: "O reino do mundo se tornou de nosso Senhor e do seu Cristo, e Ele reinará pelos séculos dos séculos" (Ap 11:15).

Notas

1. DUGUID, Iain M. *Ester e Rute*, p. 115.
2. DUGUID, Iain M. *Ester e Rute*, p. 116.
3. BALDWIN, Joyce G. *Ester: introdução e comentário*, p. 93.
4. DUGUID, Iain M. *Ester e Rute*, p. 117.
5. DUGUID, Iain M. *Ester e Rute*, p. 118.
6. NETO, Emílio Garofalo. *Ester na casa da Pérsia*, p. 193.
7. SWINDOLL, Charles R. *Ester*, p. 212.
8. SWINDOLL, Charles R. *Ester*, p. 221.
9. SWINDOLL, Charles R. *Ester*, p. 215.
10. BALDWIN, Joyce G. *Ester: introdução e comentário*, p. 103.
11. DUGUID, Iain M. *Ester e Rute*, p. 123.
12. NETO, Emilio Garofalo. *Ester na casa da Pérsia*, p. 188.
13. MACDONALD, William. *Believer's Bible Commentary*, p. 504.
14. BALDWIN, Joyce G. *Ester: introdução e comentário*, p. 107.
15. DUGUID, Iain M. *Ester e Rute*, p. 124.
16. DUGUID, Iain M. *Ester e Rute*, p. 125.

Bibliografia

ALEXANDER, Pat; ALEXANDER, Davi. *Manuel bíblico SBB*. Barueri, SP: Sociedade Bíblica do Brasil, 2018.

ARCHER JR, Gleason L. *Panorama do Antigo Testamento*. São Paulo: Vida Nova, 2014.

BALDWIN, Joyce G. *Ester: introdução e comentário*. São Paulo: Vida Nova, 2006.

CHAMPLIN, Russell Norman. *O Antigo Testamento interpretado versículo por versículo*. São Paulo: Hagnos, 2018.

DEMARAY, C. E. *O livro de Ester*. Em *Comentário Bíblico Beacon*. Vol. 2. Rio de Janeiro: CPAD, 2015.

DUGUID, Iain M. *Ester e Rute*. São Paulo: Cultura Cristã, 2016.

FEE, Gordon; STUART, Douglas. *Como ler a Bíblia livro por livro*. São Paulo: Vida Nova, 2013.

GALAN, Benjamim *et al*. *Bible Overwiew*. Califórnia: Rose Publishing, 2014.

GOLDINGAY, John. *Esdras, Neemias e Ester*. Rio de Janeiro: Thomas Nelson Brasil, 2022.

HASTINGS, James. *The Greater Men and Women of the Bible*. Edinburgh: T. & T. Clark, 1915.

HUEY JR., F. B. *Esther*. In *Zondervan NIV Bible Commentary*. Grand Rapids: Zondervan Publishing House, 1994.

JENSON, Philip. *Esther*. In New Bible Commentary. Downers Grove: Inter-Varsity Press, 1998.

JOSEFO, Flávio. *História dos hebreus*. Rio de Janeiro: CPAD, 2015.

KELLER, Timothy. *Como integrar fé e trabalho*. São Paulo: Vida Nova, 2014.

LONGMAN III, Tremper. *Dicionário bíblico Baker*. Rio de Janeiro: CPAD, 2023.

MACDONALD, William. *Bilievers's Bible Commentary*. Nashville: Thomas Nelson Publishers, 1995.

MEARS, Henrietta. *Estudo panorâmico da Bíblia*. São Paulo: Vida, 2023.

NETO, Emílio Garofalo. *Ester na casa da Pérsia*. São José dos Campos: Fiel, 2021.

OTONI, Débora. *De Eva a Ester*. Rio de Janeiro: Thomas Nelson Brasil, 2020.

PEARLMAN, Myer. *Através da Bíblia livro por livro*. Miami: Editora Vida, 1987.

PINTO, Carlos Osvaldo Cardoso. *Foco e desenvolvimento no Antigo Testamento*. São Paulo: Hagnos, 2014.

SILVA, José Apolônio. *Sintetizando a Bíblia*. Rio de Janeiro: CPAD, 1985.

STRAIN, David. *Ruth & Esther*. Geanies House, Scotland: Christian Focus Publications, 2018.

SWINDOLL, Charles R. *Ester*. São Paulo: Mundo Cristão, 1998.

UNGER, Merrill F. *The New Unger's Bible Handbook*. Chicago: Moody Press, 1984.

WASSERMAN, Rodolpho. *Meguilat Ester*. São Paulo: Maayanot, 2020.

WESLEY, John. *Esther*. In The Classic Bible Commentary. Wheaton: Crossway Books, 1999.

WIERSBE, Warren W. *Comentário bíblico expositivo*. Vol. 2. Santo André: Geográfica, 2006.

WILLMINGTON, Harold. *Guia de Willmington para a Bíblia*. Rio de Janeiro: Central Gospel, 2015.

Sua opinião é importante para nós.
Por gentileza, envie-nos seus comentários pelo e-mail:

editorial@hagnos.com.br